ANGST UND SCHULD

Herausgegeben von
F. PESENDORFER

LITERAS
UNIVERSITÄTSVERLAG

1. Auflage 1992

D r u c k: Literas, Wien IX.
Printed in Austria
3-85429-053-5

Inhaltsverzeichnis

Editorial

Angst und Schuld - ein Thema, das dem 22. Intern. Seminar für Autogenes Training und allgemeine Psychotherapie 1991 in Badgastein vorstand, hat tatsächlich Relevanz für unser Leben. Angst und Schuld sind in unserem Leben integriert, ob wir das wahrhaben wollen oder nicht, in jeder Stunde sind sie gegenwärtig und beeinflussen unsere Handlungen - es wird sozusagen die Gegenwart von der Vergangenheit her bestimmt und die Zukunft von Vergangenheit und Gegenwart, die ja auch mitverwoben ist in Angst und Schuld.

Freilich, eine Woche ist für diese Thematik viel zu kurz und es können nur Bruchteile abgehandelt werden, aber das Anreissen dieser Fragen hat schon eine wichtige Funktion für unsere weitere Arbeit im "Alltag".

Angst und Schuld ist ein Thema, das ja schon in allen Zeiten die Menschen beschäftigt hat, uns aber zur Zeit der ökologischen Katastrophen, da wir deutlich angstvoll erleben müssen, daß unsere Welt vielleicht in kurzer Zeit gar nicht mehr lebenswert ist, und wir Angst haben müssen, unsere Kinder in ein sicheres Verderben hineingeboren zu haben. Ein Verderben, an dem wir sehr wohl unsere Mitschuld tragen.

Ich wünsche, wir können unsere schöne Welt noch rechtzeitig umgestalten, damit wir einer heileren Zukunft entgegenblicken können und auch die entsprechende "Ökologie des Geistes" haben, um unserem Menschsein gerecht zu werden.

Viel Freude beim Lesen

Ihr

Friedrich Pesendorfer

Angst und Schuld

Bert Hellinger

Den Gefühlen der Angst und der Schuld ist gemeinsam, daß wir sie als belastend erleben, und daher treiben sie beide uns an, etwas so zu verändern, daß wir, von ihnen befreit, uns wieder sicher und unschuldig fühlen. Wir erleben die Angst auch ohne Schuld, zum Beispiel die Angst vor einer Prüfung, und wir erleben die Schuld auch ohne Angst, zum Beispiel manchmal die Schuld als Verpflichtung. Doch oft macht die Schuld uns auch Angst, zum Beispiel wenn wir als Folge der Schuld ein Unheil befürchten. Je schlimmer das Unheil, das wir befürchten, desto größer wird auch die Angst, und desto bedrohlicher erscheint uns die Schuld.

Das Gefühl der Schuld erfahren wir in unseren Beziehungen, und es hat mit unseren Beziehungen zu tun. Denn ein wissendes Gefühl der Unschuld und der Schuld begleitet jedes Handeln, das auf andere wirkt, und wie das Auge, wenn es sieht, das Helle und das Dunkle dauernd unterscheidet, so unterscheidet dieses wissende Gefühl in jedem Augenblick, ob unser Handeln der Beziehung schadet oder dient. Was der Beziehung schadet, fühlen wir als Schuld, und was ihr dient, als Unschuld.

Hinter den Gefühlen der Unschuld und der Schuld wirken unterschiedliche Bedürfnisse, die ständig uns treibend und steuernd, als wären sie ein einziger wissender Sinn, uns in den uns wichtigen Beziehungen halten, so wie uns ein anderer wissender Sinn, ständig uns treibend und steuernd, im Gleichgewicht hält. Zwar können wir nach vorne oder hinten fallen, wenn wir wollen, und nach rechts oder links, doch ein Reflex erzwingt den Ausgleich vor der Katastrophe, und so fallen wir zur rechten Zeit zurück ins Lot.

Ein unserer Willkür überlegener Sinn wacht, wie über unser Gleichgewicht, auch über unsere Beziehungen und wirkt wie ein Reflex auf Korrektur und Ausgleich hin, wenn wir von den Bedingungen für ihr Gelingen abgewichen sind und unsere Zugehörigkeit gefährden. Wie unser Sinn für Gleichgewicht, so nimmt auch der Beziehungssinn den einzelnen zusammen mit dem Umfeld wahr, erkennt den Freiraum und die Grenze und steuert ihn durch unterschiedliche Gefühle der Unlust und der Lust. Seine Unlust fühlen wir als Schuld, und seine Lust als Unschuld.

Doch wie ein Kutscher seine Pferde, zwingt dieser Sinn die Unschuld und die Schuld vor *einen* Wagen, lenkt sie in *eine* Richtung, und so ziehen sie als *ein* Gespann an *einem* Strick. Sie bringen die Beziehung weiter und halten sie durch ihre Wechselwirkung in der Spur. Zwar möchten wir die Zügel manchmal selber nehmen. Doch der Kutscher läßt sie nicht aus seiner Hand. Wir fahren auf dem Wagen als Gefangene und Gäste. Des Kutschers Name aber heißt Gewissen.

Beziehungen gelingen, wenn wir verschiedene Bedürfnisse zur gleichen Zeit erfüllen. Es sind dies:

- das Bedürfnis nach Zugehörigkeit oder nach Bindung,
- das Bedürfnis nach dem Ausgleich von Geben und Nehmen und von Gewinn und Verlust und
- das Bedürfnis nach Beständigkeit und Ordnung.

Die Bedürfnisse nach Bindung und nach Ausgleich und nach Ordnung bedingen und ergänzen sich, und obwohl sie stets zusammenwirken, sucht doch jedes von ihnen seine Ziele auch auf Kosten der anderen mit einem eigenen Gefühl der Schuld und Unschuld durchzusetzen. Daher erfahren wir die Schuld und Unschuld anders im Dienste der Bindung, anders im Dienste des Ausgleichs und anders im Dienste der Ordnung.

- Im Dienste der Bindung erfahren wir die Schuld als Furcht vor Trennung und Verlust und als Ausgestoßensein und Ferne. Hier, vor allem, fühlen wir die Schuld als Angst. Sie treibt uns an, das Bedürfnis nach Bindung, wenn es ungestillt ist, zu stillen oder, wenn die Bindung bedroht ist, ihr Fortbestehen auch unter Opfern zu sichern. Ist das Bedürfnis nach Bindung aber gestillt und ihr Fortbestehen gesichert, weicht das Gefühl der Schuld dem Gefühl der Unschuld. Diese Unschuld fühlen wir als Sicherheit und als Geborgenheit und Nähe. Doch so, wie wir die Schuld, weil sie belastet, vermeiden, so wollen wir die Unschuld, weil sie erleichtert, bewahren. Und so dienen die Schuld und die Unschuld, wenn auch auf ungleiche Weise, gleichermaßen dem gemeinsamen Ziel.
- Im Dienste des Ausgleichs von Geben und Nehmen fühlen wir die Schuld als Verpflichtung zu geben, wenn wir vorher bekommen oder genommen haben, und die Unschuld fühlen wir entweder als Freiheit von Verpflichtung oder als Anspruch. Wir fühlen sie als Freiheit von Verpflichtung, wenn Nehmen und Geben oder Nichtnehmen und Nichtgeben ausgeglichen sind, und wir fühlen sie als Anspruch, wenn wir anderen mehr gegeben, als wir von ihnen bekommen oder genommen haben.
- Im Dienst der Ordnung erfahren wir die Schuld als Übertretung und als Furcht vor Strafe, und die Unschuld als Gewissenhaftigkeit und Treue. Wenn es sich um Regeln und Gesetze handelt, die durch Übereinkunft auch geändert werden können, dann ist die Angst vor Strafe nur gering, wie, zum Beispiel, bei den Kavaliersdelikten. Doch wenn wir Regeln und Gesetze brechen, die zu den Bedingungen der Mitgliedschaft gehören, dann wird die Angst vor Strafe zur Angst vor dem Verlust des Rechts auf Zugehörigkeit.

Das Gewissen dient sowohl dem Bedürfnis nach Bindung als auch den Bedürfnissen nach Ausgleich und nach Ordnung. Daher fühlen wir die Impulse dieser Bedürfnisse auch als Impulse des Gewissens und erleben das Gewissen als im Grunde mit den Bedürfnissen nach Bindung und nach Ausgleich und nach Ordnung eins. Wenn sich diese Bedürfnisse widersprechen, erfahren wir ihre Widersprüche auch als Widersprüche des Gewissens. Denn oft fordert das Gewissen im Dienste des Ausgleichs, was es uns im Dienste der Bindung verbietet, und es erlaubt uns im Dienste der Ordnung, was es uns im Dienste der Bindung verwehrt.

Wenn wir, zum Beispiel, jemand gleichviel Schlimmes antun als er uns, dann genügen wir dem Bedürfnis nach Ausgleich, und wir empfinden es als gerecht. Doch mit der Bindung ist es dann in der Regel vorbei. Um sowohl dem Ausgleich wie der Bindung zu genügen, müssen wir ihm etwas weniger des Schlimmen antun als er uns. Dann leidet zwar die

Gerechtigkeit, aber die Bindung und die Liebe gewinnt. Umgekehrt, wenn wir einem anderen genausoviel Gutes tun als er uns, kommt es zwar zum Ausgleich, aber schwerlich zur Bindung. Denn damit der Ausgleich auch zur Bindung führt, müssen wir dem anderen etwas mehr des Guten tun als er uns, und er, wenn er ausgleicht, muß uns etwas mehr des Guten tun als wir ihm. Dann führt das Geben und Nehmen sowohl zum Ausgleich und Austausch als auch zur Bindung und Liebe.

Wer aber nimmt, ohne zu geben, der verweigert den Ausgleich und gefährdet die Bindung. Daher fühlt er die Schuld doppelt: mit Bezug auf den Ausgleich als Verpflichtung und mit Bezug auf die Bindung als Angst vor Ausschluß und Verlust. Umgekehrt, wenn jemand gibt, ohne zu nehmen, wird er zwar weniger schuldig, als wenn er nimmt, ohne zu geben, doch auch er gefährdet die Bindung. Denn wer gibt, ohne zu nehmen, von dem wollen andere, weil er den Ausgleich verweigert, auch bald nichts mehr haben.

Ähnliche Widersprüche erfahren wir zwischen dem Bedürfnis nach Bindung und dem Bedürfnis nach Ordnung. Wenn, zum Beispiel, eine Mutter ihrem Kind, weil es etwas angestellt hat, sagt, es müsse eine Stunde lang allein in seinem Zimmer spielen, und es, um der Ordnung willen, die ganze Stunde dort allein sein muß, dann genügt die Mutter der Ordnung, aber das Kind wird ihr böse, und das mit Recht: denn die Mutter verstößt wegen der Ordnung gegen die Liebe. Wenn sie aber dem Kind nach einiger Zeit den Rest der Strafe erläßt, verstößt sie zwar gegen die Ordnung, aber sie festigt die Bindung und die Liebe zwischen sich und dem Kind.

Wie immer wir daher auch unserem Gewissen folgen, es spricht uns sowohl schuldig als auch frei.

So wie sich die Gegensätze unserer Bedürfnisse im Gewissen spiegeln, so spiegeln sich in unserem Gewissen auch die Gegensätze zwischen unseren Beziehungen. Denn unsere Beziehungen sind unterschiedlich, und ihre Interessen widersprechen sich. Wenn wir der einen dienen, kann es der anderen schaden, und was uns in der einen Unschuld bringt, stürzt uns in einer anderen in Schuld. Dann stehen wir auch hier für e i n e Tat vor vielen Richtern, und während einer uns verurteilt, spricht ein anderer uns frei.

Auch wissen wir, daß die Unschuld und die Schuld nicht dasselbe sind wie gut und böse. Denn oft vollbringen wir die schlimmen Taten mit gutem Gewissen, und die guten Taten mit schlechtem Gewissen. Wir vollbringen die schlimmen Taten mit gutem Gewissen, wenn sie einer Bindung dienen, und wir vollbringen die guten Taten mit schlechtem Gewissen, wenn sie eine Bindung gefährden.

Wenn wir bedenken, wie tief die Bindung manchmal geht, dann können wir begreifen, was es heißt, wenn jemand sich entschließt, auch gegen eine solche Bindung das Richtige zu tun.

Schuld und Unschuld treten also nur gemeinsam auf. Wer nach der Unschuld greift, der langt auch nach der Schuld, und wer im Haus der Schuld zur Miete wohnt, entdeckt als seine Untermieterin die Unschuld. Auch tauschen Schuld und Unschuld öfters das Gewand, so daß die Schuld im Kleid der Unschuld kommt, und Unschuld kommt im Kleid der Schuld. Dann trügt der Schein, und erst die Wirkung zeigt, was wirklich war.

Die Spieler

Sie stellen sich als Gegner vor.
Dann sitzen sie sich gegenüber
und spielen
auf dem gleichen Brett
mit vielerlei Figuren
nach komplizierten Regeln,
Zug um Zug,
das gleiche königliche Spiel.

Sie opfern beide ihrem Spiel
verschiedene Figuren
und halten sich gespannt in Schach,
bis die Bewegung endet.
Wenn nichts mehr geht,
ist die Partie vorbei.
Dann wechseln sie die Seite
und die Farbe,
und es beginnt vom gleichen Spiel
nur wieder eine andere Partie.

Wer aber lange spielt
und oft gewinnt
und oft verliert,
der wird auf beiden Seiten
Meister.

Wer die Rätsel von Schuld und Unschuld lösen will, der wagt sich in ein Labyrinth, und er braucht mehr als e i n e n roten Faden, um im Gewirr der Pfade sich zurechtzufinden, und um die Wege, die zusammenlaufen und nach draußen führen, von denen, die im Abseits sich verästeln, abzugrenzen.

Und er muß, im Dunkeln tappend, sich auf Schritt und Tritt, wie einem Fabeltier, den Mythen und Geschichten stellen, die sich um Schuld und Unschuld ranken und uns den Sinn betören und die Schritte lähmen, wenn wir es wagen wollen, nachzuforschen, was geheim geschieht. Kindern ergeht es so, wenn man vom Klapperstorch erzählt, und Gefangenen mag es so ergangen sein, als sie am Tor zum Todeslager lasen: "Arbeit macht frei!"

Doch manchmal kommt dann einer, der den Mut hat, hinzuschauen und den Bann zu brechen. Wie etwa jenes Kind, das in der außer sich geratenen Menge auf den umjubelten Diktator schaut und laut und deutlich sagt, was alle wissen, doch keiner sich zuzugeben oder auszusprechen traut: "Der ist ja nackt!" Oder auch wie jener Spielmann, der sich an den Rand der Straße stellt, auf der ein Rattenfänger mit seiner Kinderschar vorbeiziehn muß. Er spielt ihm eine Gegenmelodie, die einige aus dem Gleichschritt bringt.

Die Schuld erleben wir vor allem dann als Angst, wenn uns als Folge einer Schuld der Ausschluß aus der Gruppe droht. Daher gehe ich noch etwas näher auf den Zusammenhang zwischen Gewissen und Bindung ein, und auf die Verbindung von Schuld und Angst, die sich daraus ergibt.

Das Gewissen bindet uns an die für unser Überleben wichtige Gruppe, was immer die Bedingungen, die sie uns setzt. Es steht nicht über dieser Gruppe und nicht über ihrem Glauben oder Aberglauben. Es steht in ihren Diensten.

Denn wie ein Baum den Standort nicht bestimmt, auf dem er wächst, und wie er sich auf freiem Feld anders als im Wald entwickelt und im geschützten Tal anders als auf ungeschützter Höhe, so fügt ein Kind sich fraglos in die Ursprungsgruppe und hängt ihr an mit einer Kraft und Konsequenz, die nur mit einer Prägung zu vergleichen sind. Die Bindung wird vom Kind als Liebe und als Glück erlebt, wie immer es in dieser Gruppe wird gedeihen können und wie es auch verkümmern muß. Das Gewissen reagiert auf alles, was die Bindung fördert und gefährdet. Daher haben wir ein gutes Gewissen, wenn wir uns so verhalten, daß wir uns sicher sind, wir dürfen noch dazugehören. Und wir haben ein schlechtes Gewissen, wenn wir von den Bedingungen der Gruppe in einer Weise abgewichen sind, daß wir befürchten müssen, wir hätten unser Recht auf Zugehörigkeit teilweise oder ganz verspielt. Doch beide Seiten des Gewissens, das gute und das böse, dienen e i n e m Ziel. Wie Zuckerbrot und Peitsche ziehen sie und treiben sie uns in die gleiche Richtung. Sie sichern unsere Bindung an die Wurzel und den Stamm.

Maßstab für das Gewissen also ist, was in der Gruppe, der wir angehören, gilt. Daher haben Menschen, die aus unterschiedlichen Gruppen kommen, auch unterschiedliche Gewissen, und wer mehreren Gruppen angehört, der hat für jede Gruppe auch ein anderes Gewissen. Das Gewissen hält uns bei der Gruppe wie ein Hund die Schafe bei der Herde, doch wenn die Umgebung wechselt, wechselt es wie ein Chamäleon zu unserem Schutz die Färbung. Daher haben wir ein anderes Gewissen bei der Mutter und ein anderes beim Vater, ein anderes in der Familie und ein anderes im Beruf, ein anderes in der Kirche und ein anderes am Stammtisch. Immer aber geht es beim Gewissen um die Bindung und die Bindungsliebe, und um die Furcht vor Trennung und Verlust.

Was aber machen wir, wenn Bindung gegen Bindung steht? Dann suchen wir, so gut es geht, den Ausgleich und die Ordnung.

Die Rücksicht

Ein Mann und eine Frau fragten einen Lehrer, was sie mit ihrer Tochter machen sollten, denn die Frau mußte ihr jetzt öfters Grenzen setzen und fühlte sich dabei vom Mann zu wenig unterstützt.

Als erstes erklärte der Lehrer ihnen in drei Sätzen die Regeln für die richtige Erziehung.

1. In der Erziehung ihrer Kinder halten der Vater und die Mutter unterschiedlich das für richtig, was in ihrer eigenen Familie entweder wichtig war oder gefehlt hat.

2. Das Kind befolgt und anerkennt als richtig, was seinen beiden Eltern entweder wichtig ist oder fehlt.

3. Wenn sich einer der Eltern gegen den anderen in der Erziehung durchsetzt, verbündet sich das Kind mit dem, der unterliegt.

Als nächstes schlug der Lehrer ihnen vor, sie sollten sich erlauben wahrzunehmen, wo und wie ihr Kind sie liebt. Da blickten sie sich in die Augen, und ein Leuchten ging über beider Gesicht.

Als letztes riet der Lehrer noch dem Vater, er möge seine Tochter manchmal spüren lassen, wie sehr er sich darüber freut, wenn sie zu ihrer Mutter gut ist.

Einen ähnlichen Versuch des Ausgleichs gibt es bei der Bulimie. Denn die Mutter der bulimischen Patientin hat ihr vermittelt: "Nur was von mir kommt, ist gut; was vom Vater kommt, darfst du nicht nehmen. " Daher nimmt die Patientin von der Mutter das Essen, aber weil sie es nicht auch vom Vater nehmen darf, spuckt sie es wieder aus.

Bei der Sucht finden wir die gleiche Problematik und den gleichen Lösungsversuch. Denn auch dem Süchtigen hat die Mutter vermittelt: "Nur was von mir kommt, ist gut; was vom Vater kommt, taugt nichts. Das darfst du nicht nehmen." Und dann sagt das Kind: "Wenn ich nur von dir nehmen darf, dann nehme ich so viel, daß es mir schadet."

Das Gewissen bindet uns am stärksten, wenn wir in einer Gruppe unten stehen und wir ihr ausgeliefert sind. Sobald wir aber in der Gruppe Macht gewinnen oder von ihr unabhängig werden, lockert sich die Bindung, und mit ihr lockert sich auch das Gewissen. Die Schwachen aber sind gewissenhaft und bleiben treu, weil sie gebunden sind. In einer Familie sind es die Kinder, in einem Betrieb die unteren Arbeitnehmer, in einer Armee die gemeinen Soldaten, und in einer Kirche das gläubige Volk. Zum Wohl der Starken in der Gruppe riskieren sie gewissenhaft Gesundheit, Unschuld, Glück und Leben, auch wenn die Starken sie vielleicht für das, was sie die höheren Ziele nennen, gewissenlos mißbrauchen. Das sind dann die Kleinen, die für die Großen ihren Kopf hinhalten, die Henker, die die schmutzige Arbeit tun, die Helden auf verlorenem Posten, die Schafe hinter ihrem Hirten, wenn er sie zur Schlachtbank führt, und die Opfer, die die Zeche zahlen. Und es sind die Kinder, die für ihre Eltern oder Ahnen in die Bresche springen und vollbringen, was sie nicht geplant, sühnen, was sie nicht getan, und tragen, was sie nicht verschuldet haben.

Ein Vater hatte seinen Sohn, als dieser trotzig war, bestraft, und in der Nacht darauf hat sich das Kind erhängt.

Nun war der Mann schon alt, und noch immer trug er schwer an seiner Schuld. Dann, im Gespräch mit einem Freund, erinnerte er sich, daß dieses Kind nur wenige Tage vor dem Selbstmord, als seine Mutter am Tisch erzählte, daß sie wieder schwanger war, wie außer sich gerufen hatte: "Um Gottes willen, wir haben doch keinen Platz!" Und er begriff: das Kind hat sich erhängt, um seinen Eltern ihre Sorgen abzunehmen. Es hat für das andere Platz gemacht.

Eine ähnlich starke Bindungsliebe offenbart sich in der Magersucht, denn die Magersüchtige sagt in ihrer Kinderseele: "Lieber verschwinde ich als du (mein lieber Papa)!"

Auch andere persönliche Probleme lassen sich vielleicht nur deshalb so schwer lösen, weil sie für unsere Kinderseele ein Beweis der Unschuld sind und wir mit ihnen unser Recht auf Zugehörigkeit zu sichern und zu wahren hoffen. Daher verbindet sich mit ihnen das Gefühl der Treue.

Ihre Lösung aber wird von uns, trotz gegenteiliger Beteuerungen, gefürchtet und vermieden, denn mit ihr verbindet sich die Furcht vor dem Verlust der Bindung und das Gefühl von Schuld und von Verrat.

Der Esel

Ein Herr kaufte einen jungen Esel und gewöhnte ihn schon früh an die Härte des Lebens. Er lud ihm schwere Lasten auf, ließ ihn den ganzen Tag arbeiten und gab ihm nur das Nötigste zu fressen. Und so wurde aus dem kleinen Esel bald ein richtiger Esel. Wenn sein Herr kam, ging er in die Knie, neigte tief sein Haupt und ließ sich willig jede schwere Last aufbürden, auch wenn er manchmal fast zusammenbrach.

Andere, die das sahen, hatten Mitleid. Sie sagten: "So ein armer Esel!" und wollten ihm etwas Gutes tun. Der eine wollte ihm ein Stück Zucker geben, der andere ein Stück Brot, und ein dritter wollte ihn sogar auf seine grüne Weide locken. Doch er zeigte ihnen, was für ein Esel er war. Den einen biß er in die Hand, den anderen trat er ins Schienbein, und dem dritten gegenüber war er störrisch wie ein Esel. Da sagten sie: "So ein Esel!" und ließen ihn fortan in Ruhe.

Seinem Herrn aber fraß er aus der Hand, und wenn es leeres Stroh war. Der aber lobte ihn überall und sagte: "Das ist der größte Esel, den ich je gesehen habe!" Und er gab ihm den Namen Iah.

Später war man sich über die Aussprache dieses Namens nicht mehr einig, bis ein Dialektiker aus Bayern meinte, sie müsse lauten: I.. (ch) a.. (uch).

Wo das Gewissen bindet, grenzt es auch ein und aus. Oft müssen wir daher, wenn wir bei einer Gruppe bleiben wollen, dem anderen, der anders ist, die Zugehörigkeit, die wir für uns in Anspruch nehmen, verweigern oder aberkennen. Dann werden wir, durch das Gewissen, für den anderen furchtbar, denn was wir für uns selbst als schlimmste Folge einer Schuld und als die äußerste Bedrohung fürchten, das müssen wir im Namen des Gewissens dem anderen, der von ihm abweicht, wünschen oder antun: den Ausschluß aus der Gruppe.

Doch so wie wir mit ihnen, verfahren andere im Namen des Gewissens auch mit uns. Dann setzen wir uns gegenseitig für das Gute eine Grenze, und für das Böse heben wir, im Namen des Gewissens, diese Grenze auf.

Daher muß das Gute, das versöhnt und Frieden stiftet, die Grenzen überwinden, die uns das Gewissen durch die Bindung an die Einzelgruppen setzt. Es folgt einem anderen, verborgenen Gesetz, das in den Dingen wirkt, nur weil sie sind. Im Gegensatz zur Art und Weise des Gewissens wirkt es still und unauffällig, wie Wasser, das verborgen fließt. Wir nehmen seine Gegenwart nur an der Wirkung wahr. Das Gewissen aber redet, wo die Dinge sind. Ein Kind, zum Beispiel, kommt in einen Garten, staunt über das, was wächst, lauscht einem Vogel im Gebüsch. Dann sagt die Mutter: "Das ist schön." Nun muß das Kind, statt daß es staunt und lauscht, auf Worte hören, und der Bezug zu dem, was ist, wird jetzt ersetzt durch Stellungnahmen.

Die Erkenntnis

Jemand will es endlich wissen. Er schwingt sich auf sein Fahrrad, fährt in die offene Landschaft und findet, abseits vom Gewohnten, einen anderen Pfad.

Hier gibt es keine Schilder, und so verläßt er sich auf das, was er mit seinen Augen vor sich sieht und was sein Schritt durchmessen kann. Ihn treibt so etwas wie Entdeckerfreude, und was ihm vorher eher Ahnung war, wird jetzt Gewißheit.

Doch dann endet dieser Pfad an einem breiten Strom, und er steigt ab. Er weiß, wenn er noch weiter will, dann muß er alles, was er bei sich hat, am Ufer lassen. Dann wird er seinen festen Grund verlieren und wird von einer Kraft getragen und getrieben werden, die mehr vermag als er, so daß er sich ihr anvertrauen muß. Und daher zögert er und weicht zurück.

Als er dann wieder heimwärts fährt, da wird ihm klar, daß er nur wenig weiß, was hilft, und daß er es den anderen nur schwer vermitteln kann. Zu oft schon war es ihm wie jenem Mann ergangen, der einem anderen auf dem Fahrrad hinterherfährt, weil dessen Schutzblech klappert. Er ruft ihm zu: "He, du, dein Schutzblech klappert!" "Was?" "Dein Schutzblech klappert!"

"Ich kann dich nicht verstehen," ruft der andere zurück, "mein Schutzblech klappert!"

"Irgend etwas ist hier schiefgelaufen," denkt er sich, tritt auf die Bremse und kehrt um.

Ein wenig später trifft er einen alten Lehrer und fragt: "Wie machst denn du das, wenn du anderen hilfst? Oft kommen zu dir Leute und fragen dich um Rat in Dingen, von denen du nur wenig weißt. Doch nachher geht es ihnen besser."

Der Lehrer sagt ihm: "Nicht am Wissen liegt es, wenn einer auf dem Wege stehenbleibt und nicht mehr weiter will. Denn er sucht Sicherheit, wo Mut verlangt wird, und Freiheit, wo das Richtige ihm keine Wahl mehr läßt. Und so dreht er sich im Kreis. Der Lehrer aber widersteht dem Vorwand und dem Schein. Er sucht die Mitte, und dort gesammelt wartet er - wie einer, der die Segel ausspannt vor den Wind -, ob ihn vielleicht ein Wort erreicht, das wirkt. Wenn dann der andere zu ihm kommt, findet er ihn dort, wohin er selber muß, und die Antwort ist für beide. Beide sind Hörer." Und er fügte hinzu: "Die Mitte fühlt sich leicht an."

Literatur beim Verfasser

Autor

Dr. Bert Hellinger, Heubergstraße 26, D-8229 Ainring 1 - Klitterfelden

Angst und Schuld hinter den derzeitigen psychologischen und theologischen Sichtweisen

Pio Sbandi

Es finden sich in der Literatur über Angst und Schuld, angefangen bei KIERKEGAARD, immer wieder interessante Abhandlungen, auf die ich hier nur zum Teil hinweisen kann. Man spürt überall, wie die in unserer Kultur gängigen Weltanschauungen im Hintergrund, und vielleicht wenig hinterfragt, die Thematik beeinflussen.

KIERKEGAARD, der Angst und Schuld in einer engen Beziehung sah, schrieb 1844: "Den Begriff Angst findet man fast nie in der Psychologie behandelt; ich muß deshalb darauf aufmerksam machen, daß er von Furcht und ähnlichen Begriffen ganz und gar verschieden ist, daß sie sich auf etwas Bestimmtes beziehen, während die **Angst die Wirklichkeit der Freiheit als Möglichkeit für die Möglichkeit ist.** (u. v. Sba) Man wird daher bei einem Tier keine Angst finden, eben weil es in seiner Natürlichkeit nicht als Geist bestimmt ist. " (S. 42, 15-20).... "und je weniger Geist, desto weniger Angst"[1)]

Hauptformen von Angst sind nach Kierkegaard a. Vitalängste (die Ängste, die von eigenem Leib ausgehen), b. Realängste (die Ängste, die von einer Gefahr aus der Umwelt stammen), c. Gewissensängste (hier liegt die Gefahr in der eigenen Psyche), d. ("existentielle Ängste") (nach BINDER, SCHULTE u. BATTEGAY).

Im Oktober 1952 fand eine Tagung der Stuttgarter Gemeinschaft "Arzt und Seelsorger" statt. Thema dieser Tagung war genau das gleiche wie das der jetzigen, nämlich: **Angst und Schuld.**[2)] Der Tübinger Philosophie-Professor Mario WANDRUSZKA hielt dabei ein Referat unter dem Titel: "Was weiß die Sprache von der Angst." Er meinte damals, "alle phänomenologischen Intuitionen und existentialistischen Spekulationen über eine wesenhafte Grundverschiedenheit von Furcht und Angst halten einer von der Sprache ausgehenden Überprüfung nicht stand". Darüber gibt es auch im heutigen Sprachgebrauch keine Einheitlichkeit. In seinem 1989 erschienenen Buch "Daseinsanalyse" schreibt zum selben Thema CONDRAU: "Wenn es jedoch der Angst wie der Furcht um dasselbe, nämlich um das In-der-Welt-Sein geht, erhebt sich die berechtigte Frage, ob eine scharfe Trennung beider Begriffe berechtigt ist oder nicht." Hier erwähnt Condrau die Trennung in «Realangst» und «neurotische Angst» und meint: "Dies [Freuds] ist jedoch keine ontologische Aussage, denn jede Angst, letztlich auch jede Furcht gründet in der Sorge um das Existierenkönnen. Ein

---

1) KIERKEGAARD, Sören (1984) Der Begriff Angst. Übersetzt, mit Einleitung und Kommentar herausgegeben von HANS ROCHOL, Felix Meiner Verlag, Hanburg, S. 42, Nr. 14-21. "Der Begriff Angst" erschien zum ersten Mal am 17. Juni 1844 in Kopenhagen. S. Vorbemerkung, IX. Kierkegaard verwendete damals das Pseudonym Vigilius HAUFNIENSIS.

2) s. Literaturliste, BITTER (Hrsg)

qualitativer Unterschied zwischen Realangst, durch eine aktuelle Bedrohung bedingt, und neurotischer Angst, auf *vermeintlicher* Bedrohung beruhend, ist auch psychotherapeutisch nicht nachweisbar. Selbst die «frei flottierende Angst» hat ihr Wovor und Worum, die möglicherweise zunächst verdeckt, nichtsdestoweniger aufdeckbar sind."

VOGL faßt 1988 Angst als "ein sich Bedrohterleben am Leben" auf und versteht sie auf dem Hintergrund des Relationalen Menschenbildes in Zusammenhang mit Kongruenter/Inkongruenter Zwischenmenschlicher Kommunikation.

R. SCHINDLER (1991) meint, daß "Angst keineswegs etwas Pathologisches ist, sondern unser Bemühen umspielt, in anderes, Neues, Fremdes einzudringen"[3].

Es gibt also mehrere Auffassungen von "Angst", auch wenn die Unterschiede m. E. nicht sehr groß sind. Das gleiche gilt auch für das Phänomen der Schuld.

Sieht man von einem "existentiellen" Schuldigsein im Sinne von HEIDEGGER, später u.a. von Condrau übernommen, ab, und nimmt man zur Kenntnis, daß die Frage nach dem Ursprung des Bösen sich sicherlich niemals endgültig beantworten läßt, wie Gründel[4] schreibt, fällt wohl auf, daß das Schuld-Problem zunehmend in einem größeren Zusammenhang als dem einer rein individuellen betrachtet wird. Der soeben zitierte Münchner Moraltheologe Gründel meint: "Heute werden **gut und böse** nicht mehr als starre Begriffe erfahren: sie ergeben sich - entsprechend der menschlichen Persondefinition - als **Störung eines Beziehungsgeschehens**." Er berichtet dann[5], daß Papst Johannes Paul II. 1984 im Apostolischen Rundschreiben »Reconciliatio et poenitentia« von einer ungebührlichen Ausweitung soziologischer Kriterien spricht. Diese würden dazu führen, daß alle Schuld auf die Gesellschaft abgewälzt und der einzelne als unschuldig erklärt werden würde. Drei Jahre danach, 1987, spricht derselbe Papst in seiner Enzyklika »Sollicitudo rei socialis« von »Strukturen der Sünde«, die unsere Welt beherrschen und der wir unterworfen sind. Wörtlich sagt der Papst: **"Die Summe dieser negativen Faktoren erwecken den Eindruck, »in Personen und Institutionen eine Barriere zu schaffen, die nur schwer zu überwinden ist«.**" M. a. W. es wird immer schwieriger, die Problematik einer personalen Schuld auch theologisch in den Griff zu bekommen.

So gesehen stellt sich für mich noch eine weitere Frage, nämlich die des Unterschieds zwischen Schuld und Schuldgefühl. Wenn man eigentlich nie mit absoluter Sicherheit die "persönliche Schuld" feststellen kann, weil wir grundsätzlich nicht in der Lage sind, das als schuldhaft betrachtete Vorgehen vollkommen zu reflektieren, d.h. in seinen vielfachen Beziehungen (von Person zu Handlung und zum vorgegebenen System) zu erforschen[6], stellt sich - ähnlich wie bei dem Unterschied zwischen Realangst und neurotischer Angst - die Frage, inwieweit eine Unterscheidung zwischen *Schuld* als *begründeter* Schuld und *Schuldgefühl* als empfundener, unbegründeter oder nicht ganz begründbarer Schuld gerechtfertigt ist. Das bedeutet allerdings nicht, daß Schuld, auf Personen bezogen, ein bedeutungsloser Ausdruck ist.

---

3) Zur Optimierung des Chaos: GPsyuGD, 1991, 27, 60-68

4) 1990, 96: s. Literaturliste

5) ib. 97-98

6) vgl. dazu auch RAHNER, Einführung in das Christentum, 1984, S. 111

WYSS bringt Schuld mit Kommunikation in Verbindung.[7] *"Im Schulderleben wird der Anspruch des anderen über mich als Gefühl des diffusen Versäumnisses sichtbar.* Versäumen jedoch heißt, einer Erwartung oder einem Anspruch des anderen, der auch die Öffentlichkeit, ... die Gesellschaft vertritt, nicht genügt zu haben; Kommunikation wurde verfehlt." Und kurz danach: *"In der Verweigerung von Kommunikation entsteht Schuld, die ebenfalls alsVersäumnis erlebt wird, da in der Verweigerung von Kommunikation offenbar gegen das kommunikative In-der-Welt-Sein selbst verstoßen wird."*

Obwohl es sehr interessant wäre, z. B. über das katholisch-theologische Dogma der Erbsünde, oder über manche noch heute gültigen Bestimmungen der katholischen Moraltheologie, oder über die bis in die Antike zurückreichende dualistische Auffassung des Menschen als aus Soma und Psyche bestehendes Wesen, oder über die Lehre des Unbewußten, oder über die Wirkungen der unzähligen und oft chaotischen, aber die Massenmedien leitenden Menschenbilder, usw. usf. nachzudenken und in bezug auf das Erleben von Angst und Schuld zu hinterfragen, will ich stattdessen versuchen, Ihnen auf dem Hintergrund des an unserem Innsbrucker Institut in den letzten Jahren ausgearbeiteten Ansatzes eines "Relationalen Menschenbildes" eine Betrachtungsweise von Angst und Schuld vorzulegen, die sich nicht unbedingt an die bereits bestehenden Sichtweisen anschließt, sondern diese direkt oder indirekt in Frage stellt und andere Akzente setzt. Somit ist auch eine weitere Erklärung für den Titel meines Referates gegeben.

VOGL und Sbandi haben in einem anderen Zusammenhang diese Gedanken bereits 1988 in einem in der Zeitschrift "Gruppenpsychotherapie und Gruppendynamik" veröffentlichten Artikel vorgestellt[8].

Zur Entstehungsgeschichte unseres Ansatzes: Die ersten Überlegungen stellten wir schon während der Gruppendynamischen Laboratorien der siebziger Jahre an. Wir mußten damals feststellen, daß die Teilnehmer sehr viel **Angst** davor hatten, die s. g. Großgruppe zu verlassen und Gruppen zu bilden. Sie blieben tagelang im großen Kreis sitzen, ärgerten sich aber zugleich darüber. Wir Trainer waren der Auffassung, daß die Teilnehmer lernen müßten, mit der Situation in den Plenarsitzungen umzugehen, weil diese den realen Umständen, in denen wir leben, viel näher seien als Gruppen. Unter dem Einfluß der damaligen "einschlägigen" Literatur signalisierten wir ihnen, daß Gruppen zu bilden "Flucht" bzw. Privatisierung bedeuten würde. In der Tat dürften sich sowohl Teilnehmer als auch Trainer in der zweifelsohne als unbefriedigend und starr erlebten vorgegebenen Situation - insgesamt betrachtet - **"sicherer"** gefühlt haben als in Gruppen.
Teilnehmer wie Trainer waren nicht einmal in der Lage, die Situation dadurch zu verändern, daß sie sie verlassen hätten. Es gab wohl Versuche in beide Richtungen - Gruppe zu bilden oder/und den Raum zu verlassen -, aber sie waren von kurzer Dauer und erfolglos.
Was mich und andere am meisten schockierte, war die Unfähigkeit aller, in verständlicher - geschweige denn konstruktiver - Weise miteinander zu kommunizieren.[9] Und es war gerade diese fast babylonische Sprachverwirrung, die uns am meisten zu denken gab.

Bei der Reflexion über die abgelaufenen Prozesse tauchte zunehmend unter uns die Frage auf, ob wir uns beim Versuch, diese oder jene Handlung der Leute zu "verstehen" oder "nur"

7) Mitteilung und Antwort, 1976, 264 ff.

8) Heft 4, Juni 1988, 306-327

9) Die Trainer verhielten sich systemkonform "abstinent"

auf sie zu "reagieren", wir uns nicht von einem vorgefaßten Denkschema bzw. Menschenbild derart beeinflussen lassen würden, so daß die Analyse der Handlungen nicht mehr mit dem Erlebten übereinstimmen könnte.

Menschenbilder stehen im Hintergrund jeder Verhaltensanalyse, jedes psychologischen Forschungsprojektes wie auch jeder therapeutischen Praxis. Sehr oft wird ein solcher Hintergrund als selbstverständlich angenommen und daher gar nicht hinterfragt. Ein Beispiel: die Teilnehmer und Trainer der damaligen Laboratorien gingen davon aus, daß jeder als selbständige Persönlichkeit in der Lage sein müßte, mit den anderen zu reden, sie zu überzeugen, sich frei von der "Versammlung" machen zu können usw. Die große Enttäuschung war, das Gegenteil erleben zu müssen. Ich meine, daß das Menschenbild, von dem aus Teilnehmer und Trainer dachten und miteinander kommunizierten, zwar sehr verbreitet, aber unrealistisch war, nämlich ein monadisches, individuumzentriertes Menschenbild, das das Individuum als eine selbständige Einheit betrachtet und ihm Fähigkeiten zuschreibt, die es gar nicht hat.

Mein Ziel ist also, nun ein Menschenbild zur Diskussion zu stellen, das versucht, psychosoziale Phänomene anders zu erklären, als es ein übliches individuumzentriertes Menschenbild tut.

Wir haben dieses Menschenbild relational genannt. "Relational" stammt aus dem lateinischen "relatio", was auf deutsch "Aufeinander-bezogen-Sein" heißt. Das Wort "relational" bedeutet hier "in-Beziehung-seiend". Es meint konkret, daß, wenn wir "Mensch" sagen, an In-Beziehung-Seiende denken. Das heißt auch, daß wir nie einen Menschen isoliert-einzig denken können, inklusive uns selbst, ohne die jeweiligen anderen miteinzubeziehen.

Wir gehen ferner davon aus, daß das ganze Universum ein Netzwerk von Beziehungen darstellt, und daß alle Lebewesen durch die Art und Weise, in der sie zueinander in Beziehung stehen, ihre jeweilige Seins- bzw. Art-Bestimmung bekommen.

FEUERBACH[10)] scheint der erste gewesen zu sein[11)], der den Menschen in einer "**wesentlichen** Beziehung zum Mitmenschen" gesehen hat[12)]: Er spricht von der "Einheit von Ich und Du": "Das Ich ist immer als Ich eines Du. Er schließt", wie Böckenhof anmerkt, "auf eine wesentliche ontische Beziehung zum anderen, **weil sonst das sichere Erkennen nicht möglich** ist".[13)]

Auf der Suche nach einer adäquaten theoretischen Formulierung unseres Ansatzes kamen wir auf Aurelius AUGUSTINUS (354-430) und seinen Beziehungsbegriff. Um Mißverständnissen vorzubeugen: es geht hier nicht um die Lehre von AUGUSTINUS als Theologe und auch nicht um den Glauben an Gott, den wir hier nicht vorauszusetzen brauchen. Vielmehr hat uns der Augustinische Gedanke insofern interessiert, weil er für uns eine tiefere Klärung des Personbegriffes bietet als andere. Daß dies von AUGUSTINUS benützt wird, um ein christliches Dogma zu erklären, muß uns hier nicht weiter beschäftigen.

Im fünften Buch seines Werkes "De Trinitate" versucht AUGUSTINUS die christliche Lehre eines Dreifaltigen Gottes seinen Lesern zu erläutern. Er sah sich mit dem Problem

---

10) 1804-1872

11) nach BÖCKENHOF 1970, I. Teil, II. Kap.

12) Siehe dazu auch LERSCH, 1964, 12

13) BÖCKENHOF, 419

konfrontiert, seinen Gläubigen das Geheimnis des einen Gottes in drei Personen erklären zu müssen: d. h. obwohl der Vater Gott ist und der Sohn Gott ist und der heilige Geist Gott ist, trotzdem sind alle drei ein Gott und nicht drei Götter, was nach monotheistischen Prämissen widersprüchlich wäre.

Entscheidend in der Argumentation von AUGUSTINUS ist für uns, daß er (und nach ihm die gesamte kirchliche Tradition) eine **personenkonstituierende** Beziehung als Begründung für die drei göttlichen Personen als **rational vertretbare Meinung** annimmt. M. a. W., um die Trinitätslehre zu erläutern, bedient sich AUGUSTINUS des Begriffes der "relatio", und dieser Gedanke wurde in der späteren Tradition nie als widersprüchlich abgetan.

Es gilt also, daß "... die Bestimmungen Vater und Sohn ... eine Beziehung betreffen". Das heißt: Vater und Sohn können keine Substantiae, keine "Götter" sein. **Sie sind** aber das, was sie sind, **kraft** ihrer Beziehungen zueinander. Diese Beziehungen sind auch keine "accidentia" (Dazugekommenes), "weil sie nicht wandelbar sind".
Denn "Accidentia" sind etwas, was dazukommt und daher sein oder nicht sein kann, sie sind eben "wandelbar", und das kann weder für den Vater noch für den Sohn gesagt werden. In der augustinischen Lehre ist auch enthalten, daß das, was Vater, Sohn und Heiligen Geist konstituieren, nicht Beziehungen im gewöhnlichen Sinn des Wortes sind, wie z. B. "Freundschaft, Verwandtschaft, Dienstbarkeit, Ähnlichkeit, Gleichheit und dergleichen...", sondern Beziehung heißt hier **eine dritte Seinsform**, zwischen den Substantien und den Akzidentien. Substanz ist das, was für sich steht.
Unter "Accidens" versteht man alles das, was an einer Substanz haften kann.
Beispiel: Ein Brot ist eine Substanz. Die Form, die Farbe, der Duft usw. des Brotes sind Akzidentien. Die göttlichen Personen können weder das eine noch das andere sein, sonst wären sie

— entweder drei Götter, also drei Substantien,

— oder Akzidentien, also Person-Sein und Person-Nicht-Sein, d.h. Veränderungen ausgesetzt.

Es kann also nur eine relationale Seinsform sein, die die göttlichen **Personen** konstituiert. Wenn nun eine solche Seinsform, nämlich die der "Relationes", als Fundament der göttlichen Personen denkbar ist, so ist mindestens denkbar, daß - analog dazu - den Menschen qua Personen eine "Relatio" zugrunde liegt, die die Menschen qua Personen konstituiert.
M.a.W., Person-sein ist - analog zu den trinitarischen Ausführungen - in der Art des Aufeinanderbezogenseins des Menschen zu sehen. Somit wird durch den Begriff "Person" eine spezifische Seinsform ausgedrückt, die in und durch Beziehungen verankert ist.

Das zeigt sich z. B. darin, daß in jeder Ich-Aussage eine Selbstbehauptung enthalten ist, die sich nur in einem relationalen Kontext denken läßt. Die Überlegung, die sich hier anschließt und die auf AUGUSTINUS zurückgreift, ist die, daß, wenn Ich zu einem anderen Du sage, dies Ausdruck einer bereits vorhandenen Bezogenheit darstellt und nicht davon unabhängig sein kann. Außerdem beinhaltet eine solche Auffassung, daß sowohl "Ich" als auch "Du" isoliert gar nicht ausdrückbar sind. Die Beziehung ist es, die es dem einen und dem anderen ermöglicht, jeweils "Ich" und "Du" zueinander zu sagen. Man könnte es auch so formulieren: das Miteinandersprechen, das In-Kommunikation-Sein, das Sich-Wahr-Nehmen, alles das ist Ausdruck einer vorhandenen Relatio und nicht etwas, das diese "relatio" schafft.

Daraus folgt: wenn "Mensch"-Werden als Person-Werden das Ergebnis eines spezifischen In-Beziehung-Tretens darstellt, so wird auch jede weitere Entwicklung des Menschen qua Person von der Art der Aktualisierung solcher Beziehungen abhängig sein.

Aus dem Trinitätsgedanken von Augustinus läßt sich ein Weiteres ableiten:
Unter dem Gesichtspunkt, daß es sich dabei um die Projektion eines existentiellen Erlebnisses handelt, gilt zu bemerken: Der Augustinische Gedanke beinhaltet, daß das relationale System ein triadisches und nicht ein dyadisches ist. Auf den Menschen angewandt heißt das, daß zum Bereich menschlicher Existenz nicht nur die Ich-Du-Beziehung - also eine dyadische Beziehung - gehört, sondern diese Dyade ist Teil eines triadischen Systems. Das bedeutet eigentlich, daß nicht nur das isolierte Individuum, sondern auch eine isolierte Ich-Du-Beziehung, eine isolierte Dyade nicht denkbar ist.
Hier scheint mir der soziale Aspekt des menschlichen Daseins ausgedrückt zu sein, was bedeutet, daß das Soziale eine seinsmäßig untrennbare Komponente menschlicher Existenz darstellt. Grundelemente menschlicher Existenz sind also nicht nur Ich und Du, sondern es gehört immanent, zum Beziehungs**gefüge**, ein Drittes, nämlich das Soziale dazu.
Wie ist dies nun zu verstehen? Zwei Menschen sind nie allein, sondern immer in ein Beziehungsgefüge eingegliedert. Das Entscheidende des trinitarischen Modells liegt darin, daß das **dritte Element die Beziehung der Dyade mitkonstituiert.** Wir bewegen uns in einem pluralistischen System, in dem keine Beziehung auf die Exklusivität einer Dyade reduziert werden kann. Am besten versteht man das am Beispiel einer partnerschaftlichen Liebe. Die Offenheit der Dyade nach außen hin ist Garantie dafür, daß die Beziehung sich selbst trägt und nicht von Normen und Zwängen zusammengehalten wird.
Auf diese Thematik kann ich allerdings hier nicht weiter eingehen.

Welche Folgerungen bringt eine solche Sichtweise vor allem in Hinblick auf Angst und Schuld mit sich?
Erste Folgerung: es ist der Verlust der Illusion, selbständig zu sein. Zweite Folgerung: es gibt eine enge Verbindung zwischen Kommunikation uns Seinsvermittlung.

Die erste Folgerung: Der Verlust der Illusion, selbständig zu sein

In unserem Menschenbild ist jeder Mensch, unabhängig von seinem kulturellen und wirtschaftlichen Milieu und von seinem Entwicklungsstand, von anderen in seinem Person-Sein abhängig, ob er sich dessen bewußt ist oder nicht, ob er dies akzeptiert oder nicht. Es handelt sich um eine existentielle Abhängigkeit, von der man nicht einmal durch den Tod des anderen ganz befreit werden kann. Und da eine "Befreiung" gar nicht denkbar ist, ist ein Streben danach auch kein Gewinn.
Diese Abhängigkeit bedeutet, daß das personale Wachsen eines Ichs nur gekoppelt mit dem personalen Wachsen eines DUs, beide verankert im sozialen System, möglich ist.
Das heißt auch, daß niemand sein Schicksal allein in seinen Händen haben bzw. nehmen kann, geschweige denn das Schicksal eines anderen.
Was wir dagegen oft unternehmen, sind Versuche des Vergessens, des Verdrängens, des Uminterpretierens. Aber: los von anderen können wir uns nicht machen.
Warum auch? In unserem Modell ist die Abhängigkeit eigentlich "kreativ", während die (Pseudo-) "Selbständigkeit" destruktiv ist. "Selbständig" (also per se, für sich) kann im Sinne unseres anthropologischen Ansatzes nur derjenige sein, der, anstelle seine Abhängig-

keit vom anderen zu leugnen, sie wahrnimmt, sie in Gemeinsamkeiten umwandelt, sie bejaht.

Weil wir voneinander abhängig sind, ist die Entfaltung des einen mit der Entfaltung des anderen gekoppelt. Weil die relatio den Menschen ausmacht, bestimmt sie auch sein Ganzes, bestimmt ihn als Lebewesen.

Hier ist eine der entscheidenden Quellen der Angst.

Die zweite Folgerung aus unserem relationalen Menschenbild sehen wir in einer engen Verbindung zwischen Kommunikation und "Seinsvermittlung".

Wir sind davon ausgegangen, daß der Mensch in der Beziehung zum anderen selbst Mensch wird. Diese konstituierende "relatio" drückt sich nun in der **Kommunikation** aus[14)].
Der Akt der zwischenmenschlichen Kommunikation bekommt dadurch eine viel entscheidendere Dimension als nur die eines Informationsaustausches oder äußerer Beeinflussung, wie z. B. einseitiger Machtausübung. Und dies geschieht überall dort, wo Kommunikation stattfindet.

Es handelt sich um eine qualifizierte Form von Kommunikation, nämlich die, wodurch ein "per-se-Sein" vermittelt wird. In jedem Kommunikationsakt, sofern dadurch wiedergegeben wird, was die Kommunizierenden im Augenblick sind, wird Sein, Wahr-sein, **Kongruenz**, m. a. W. ein Wert vermittelt, der für die in Kommunikation Seienden personales Wachstum bedeutet.
Dort allerdings, wo die Kommunizierenden es vermeiden, sich in die vorhandene Beziehung hineinzubegeben, und stattdessen zu vermitteln suchen, was sie nicht sind, ergibt sich **Inkongruenz**, Verfälschung, Unwahr-sein, Wertminderung, die den Kommunizierenden nicht weniger prägt als das personale Wachsen im ersten Fall.

Wir nehmen also an, daß in jeder Kommunikation, unabhängig von Inhalt und Form, etwas beiderseits (einseitige Kommunikation gibt es nicht) gegeben und genommen wird. Überall dort, wo zwischenmenschliche Kommunikation stattfindet, ergibt sich unweigerlich ein Wachsen oder Schrumpfen als Person. Kommunikation drückt nicht nur diese oder jene zwischenmenschlichen Beziehungen aus, sondern sie ist auch und primär das Vehikel für die Entstehung und die Entfaltung der menschlichen Person.

Kommunikation ist auf der Ebene der Person das, was der "Austausch" mit der Umwelt auf biochemischer Ebene ist, d. h. **lebenswichtig**. Wie schlechte Luft die Funktion der Lunge und damit des Gesamtorganismus beeinträchtigt, so beeinträchtigt verfälschte Kommunikation die Personen, die so miteinander kommunizieren, weil zwischen dem Aufeinander-bezogen-Sein und dessen Ausdruck in der Kommunikation eine Uneinstimmigkeit vorliegt.

Die gerade erwähnten Begriffe Kongruenz/Inkongruenz verstehe ich wie folgt:

Kongruent ist die Kommunikation, wenn von den an ihr Beteiligten die "wahr"-genommene Beziehungssituation so ausgedrückt wird, wie sie jeder offenkundig erlebt, wie z.B. ein Gespräch zwischen Freunden, die bemüht sind, sich gegenseitig offen mitzuteilen. Es sind Gespräche, aus denen die Beteiligten mit dem Gefühl herausgehen, davon profitiert zu

---

14) Ein Gedanke, den man auch soweit führen könnte, daß z. B. von einem menschenähnlich aussehenden Lebewesen, das in keiner Weise kommuniziert, auch nicht ausgesagt werden kann, ob es ein Mensch ist oder nicht.

haben. Es wird also angenommen, daß jeder in einer mehr oder weniger klaren Form verspürt, wie die Kommunikation verläuft.[15)]

Inkongruent ist die Kommunikation, wenn die Beteiligten wissentlich Äußerungen machen, zu denen sie in Wirklichkeit nicht stehen können.
Beispiele dafür reichen von der Heuchelei einer Begrüßung beim unerwarteten und unerwünschten Auftreten eines anderen, dem man aber versichert, welche Freude die Begegnung verursache, bis hin zur Verdrehung oder Vortäuschung von Daten jeglicher Art.

Der Grad der Unstimmigkeit, der in der Inkongruenz vorliegt, läßt ein Toleranzbereich[16)] zu, innerhalb dessen die Verfälschung erträgliche Folgen hat. Beispiele dafür sind alltägliche Gespräche, Begrüßungsformen, das Plaudern während einer Party, die Diplomatensprache usw.

Kongruent oder inkongruent ist also die Kommunikation insgesamt und nicht nur der jeweilige Kommunikant.

Wird diese Toleranzgrenze derart überschritten, daß ein "normales" Gespräch nicht mehr möglich ist (Beispiele dafür reichen von den double-bind-Gesprächen bis zur Katatonie), dann ist das Kommunikationssystem zusammengebrochen, und die Beteiligten leiden darunter. Der totale Abbruch der Kommunikation geschieht durch den Tod.

Begriffe wie Gesundheit und Krankheit lassen sich unter diesem Gesichtspunkt ein wenig anders definieren, und der Bezug zum sozialen System wird dadurch deutlicher. Menschen würden sich durch ihr relationales Wesen - und indem sie miteinander kommunizieren - jeweils ein Stück "Gesundheit" oder "Krankheit" geben. Es sei hier nur noch erwähnt, daß sich unter diesem Gesichtspunkt eine neue Art der Umweltverschmutzung ergibt, die mindestens genau so für den Menschen gefährdend ist, wie die anderen uns bekannten. Ich meine die der Umweltverschmutzung durch Kommunikation, wie VOGL bei der NOVA-WEST Ausstellung in Innsbruck 1987 erfolgreich dargelegt hat.

Angst und Schuld

Kommen wir nun wieder zu Angst und Schuld: beide sind für mich lebenswichtige Gegebenheiten unseres Daseins.

Versuchen wir zunächst das Phänomen der Angst in Zusammenhang mit dem bisher Gesagten zu sehen.
Unter Angst verstehe ich einen Zustand, der dadurch gekennzeichnet ist, daß ein Mensch das Gefühl bekommt, er könnte einen Verlust erleiden, in Isolation geraten, von den anderen abgelehnt werden, schlußendlich allein bleiben. Der so überfallene Mensch fühlt sich verunsichert, d.h. die Elemente seines Denksystems verlieren das Gleichgewicht, seine Wahrnehmung vermittelt ihm Bilder, die nicht mehr als adäquat erscheinen.
Mit der Zunahme der Angst nimmt die Unsicherheit zu, breitet sich ein Gefühl der Enge,

---

15) Über kongruente und inkongruente Formen von Kommunikation vgl. auch Vogl, 1981. Auf die weiteren Differenzierungen, die in den Forschungsarbeiten von A. VOGL (1984) beschrieben wurden, kann ich hier nicht eingehen. Es sei nur daran erinnert, daß VOGL im Laufe ihrer Forschungsarbeit eine Art Toleranzbereich zwischen Kongruenter und Inkongruenter Kommunikation zu postulieren begann, um das sehr weite Spektrum der zwischenmenschlichen Kommunikation adäquater aufzufassen. Dieser Bereich ist der, in dem wir uns für gewöhnlich und meistens befinden, wenn wir miteinander tagtäglich kommunizieren.

16) vgl. VOGL, 1987(?)

der Bedrohung aus, welches seine Gedanken überschattet, d. h. seine Wahrnehmung verliert immer mehr an Konsistenz, und von außen kommende Korrekturen können immer weniger aufgenommen werden.
Diese **Angst entwickelt eine eigene Dynamik** und ist grundsätzlich ansteckend, d.h. sie überträgt sich sehr rasch auf alle Beteiligten. Wer so etwas in einer Gruppe beobachtet hat, weiß, was ich damit meine.
Durch die Verfälschung der Wahrnehmung werden im **Rückkopplungssystem** die Sollwerte, d.h. die Normen verändert, welches die Destabilisierung des gesamten Systems zur Folge hat.

Wenn wir also davon ausgehen, daß der Mensch nur in einem triadischen Beziehungsgefüge lebensfähig ist, und darüber hinaus bedenken, daß die Verwirklichung seines personalen Wesens von Anfang an in der zwischenmenschlicher Kommunikation Ausdruck findet, dann scheint mir, daß sowohl die existentielle Abhängigkeit von anderen als auch die lebensnotwendige Kommunikation die Hauptquellen der Angst darstellen.

Was ich sagen will, ist, daß Angst eigentlich ein fast normaler Zustand ist.
Den Grund dafür sehe ich darin, daß ANGST eine Signalfunktion hat, nämlich uns das inkongruente Verlaufen der Kommunikation zu melden.
Diese Meldung geschieht gleichzeitig mit dem unmittelbaren Eintreten in ein Kommunikationsgeschehen.
Da nun, wie wir gesehen haben, die Kommunikation, die für gewöhnlich in dem oben beschriebenen Toleranz-Bereich stattfindet, in den seltenen Fällen die Bezeichnung "kongruent" verdient, ist eine wie auch immer geartete minimale Form der Angst eine Selbstverständlichkeit.
Die Angst sollte eigentlich die Funktion haben, uns mit unserem/n Partner/n, je nach Bedeutung der gegebenen Situation, darüber abzustimmen, ob wir so weitermachen, oder ob es sich lohnt bzw. notwendig erscheint, Schritte in Richtung Kongruenz zu unternehmen.
Geschieht aus irgendeinem Grund in einer wichtiger Situation dieser Schritt nicht, so wächst die Angst, und die Wahrnehmung verzerrt sich; es entwickelt sich eine eigene Dynamik.
Erst durch das Einschalten eines kongruenten Verhaltens wird es möglich, die Situation wieder zu verändern. Dies dürften Gruppenerfahrungen bestätigen.

Es würde hier zu weit führen, würden wir uns jetzt mit den Errungenschaften unserer Sozialisation - wie z. B. die Massenmedien - befassen, die sehr oft inkongruente Kommunikation verbreiten und durch die Schaffung von kollektiven Ängsten Systeme zusammenhalten.
Da wir aber bei einer psychotherapeutischen Tagung sind, möchte ich noch folgende Bemerkung aus einem im Druck vorhandenen Artikel von VOGL hinzufügen: Sie schreibt:[17)]
"Wenn ich unter Angst verstehe, ein "Sich-bedroht- Erleben am Leben (i. u. S.) ", und dieses sich über die zwischenmenschliche Relatio von z. B. Partnern, Paaren, Ehepaaren in täglich fortgesetzter inkongruenter zwischenmenschlicher Kommunikation immer deutlicher auch somatisch ausdrückt in verschiedenen nachweisbaren Organstörungen, und zwar bei beiden Beteiligten, so gibt es nicht irgendwann einen "Sprung" oder ein Überschießen "psychischer" Störung auf die körperliche Befindlichkeit, sondern es ist ein von Anfang an

17) Manuskript S. 14-15

gleichzeitiges voneinander ebenso untrennbares prozeßhaftes Geschehen, wie "Mensch" nicht trenn- oder zweiteilbar ist in "Psyche" und "Soma". In Note dazu ist zu lesen: "(Verlegenheits-) Reden wie "es ist ja (nur) psychisch" erhalten damit auch ihren qualitativen Stellenwert."

Wie erwähnt, gehört auch Schuld zu den wichtigen Gegebenheiten unseres Daseins.

Zu dem von mir bereits oben zitierten Hinweis auf WYSS, der Schuld und Kommunikation in Zusammenhang bringt, sei noch von demselben Autor[18)] hinzugefügt:
"Schulderleben impliziert Gewissen, Gewissen ist ohne Schuld nicht denkbar. Schulderleben kann letztlich nur als Bewußtsein von - wie auch immer durchgeführter - Vernichtung und Nichtung, In-Frage-Stellen des anderen definiert werden, der Schuldige weiß sich als "Nichter". Da aber in jeder zwischenmenschlichen Kommunikation von Mitteilung, Verstehen der Mitteilung und auf diese zu antworten ein latentes In-Frage-Stellen und Nichten des anderen mitschwingen, entsteht schon an der Basis selbst von Kommunikation Schuld".
Die folgende Bemerkung, daß Schulderleben "nur im Hinweis auf eine Transzendenz" zu verstehen ist, kann ich allerdings aufgrund des oben vorgelegten relationalen Ansatzes in dieser Exklusivität nicht unterschreiben. *Ich will versuchen, dies kurz zu begründen* (im Vortrag ausgelassen!).

Die Unmittelbarkeit jedes Kommunikationsvorgangs fordert die in Kommunikation Tretenden auf, die Aktualisierung der Beziehung in Kongruenz zu vollziehen. Daß es sich dabei zunächst nicht um ein ethisches Prinzip, sondern um eine Lebensbedingung handelt, dürfte, nach dem bisher Gesagten, nicht schwer verständlich sein. Wenn Menschen in ihrem Mensch- bzw. Person-Sein sich nur in und durch die Kommunikation entfalten können, dann ist jede irgendwie geartete Schädigung dieses Vorganges eine Lebensschädigung. Das bringt mit sich, daß wir im Kommunikationsgeschehen immer auch mit der Wahl konfrontiert werden, mit unseren Partnern "Sein" zu teilen, "Wahrheit" zu verwirklichen. Jeder stellt diese Anforderung an den anderen, und sie kann nur dadurch verwirklicht werden, daß beide sich auf einer kongruenten Kommunikationsebene bewegen.
Dort, wo das nicht geschieht, entsteht ein "Schuldig-Werden am Leben", wie VOGL schreibt, je nach Bedeutungsgrad der kommunikativen Handlung auch eine ernste Gefährdung. Im Grunde spürt dies jeder von uns, wenn auch äußerlich viele das Gegenteil behaupten. Ich bin nicht der Meinung, daß die Henker der Konzentrationslager, wie die Verfolger aller Zeiten, oder die "Schreibtischmörder", um wieder WYSS zu zitieren, sich als schuldlos empfunden haben. Mir scheint es nicht einmal notwendig, solche eher extremen Fälle zu erwähnen: es dürfte jeder von uns, der im Laufe einer Kommunikation "weiß", daß er seinem Partner etwas anderes vermittelt, als es das Aufeinander-bezogen-Sein von ihm verlangt, sich "schuldig" macht. Wenn dies nicht der Fall wäre, würden wir nicht, danach gefragt, uns alle möglichen Erklärungen, Entschuldigungen usw. einfallen lassen.
Am schwierigsten scheint mir die Situation derjenigen zu sein, die in mehr oder weniger bewußter Verfälschung scheinbar das Beste für den anderen verkünden.
Auch hierfür dürften uns etliche Beispiele einfallen.

Sie können mir erwidern, daß Schuld immer die Übertretung einer Norm voraussetzt. Mir scheint, daß jede mögliche Norm sich auf dieses Urprinzip zurückführen läßt und daß

18) WYSS, Dieter: Psychologie und Religion. 1991, Königshausen & Neumann Verlag, Würzburg, 140

Normen, die sich über dieses Prinzip hinwegsetzen, schädlich sein müssen. Aus dieser Überlegung ergibt sich auch, daß Wahrheit nicht etwas ist, daß außerhalb menschlicher Kommunikation gesucht und gefunden werden kann, sondern daß sie das Ergebnis kongruenter Kommunikation bleiben wird.

Der von mir bereits erwähnte Historiker DELUMEAU schreibt in der Einleitung zu seinem Werk "Angst im Abendland" unter dem Titel "Der Historiker auf der Suche nach der Angst": "Es ist höchste Zeit, daß die Christen aufhören, ANGST vor der Geschichte zu haben." Auf dem Hintergrund meiner bisherigen Entwicklung und nach all dem Gesagten möchte ich diesen Satz in eine doppelte Frage umwandeln: Wie ist es möglich, daß Kirchen, die die Wahrheit verkünden wollen, soviel Angst in der Kommunikation mit ihren Gläubigen zu haben scheinen, und wie ist es möglich, daß sie sich dadurch nicht schuldig machen?
Doch schließen möchte ich damit, daß ich diese Frage - mutatis mutandis - an uns alle richte. Die Antwort kann uns weder eine Methode allein noch ein Gesetz geben.

Literatur

Antoch, Robert (Hrsg.)(1987): Vom Umgang mit Angst und Schuld. München: Reinhardt. UB: 73.132/8

Bitter, Wilhelm (Hrsg.)(1959): Angst und Schuld in theologischer und psychotherapeutischer Sicht. Ein Tagungsbericht. Stuttgart: Klett. UB: 280.424; 3. Auflage (1962) = **Ps h 29**

Blaser, P. & Poeldinger, W. (1967): Angst als geistesgeschichtliches Phänomen und naturwissenschaftliches Problem. In: Kielholz, Paul (Hrsg.)(1967): Angst. Psychische und somatische Aspekte. Bern: Huber. S.11-36. (Moral, UB 297.641)

Bohren, Rodolf & Greinacher, Norbert (Hrsg.)(1972): Angst in der Kirche verstehen und überwinden. München: Kaiser. [211] Buber, Martin (1958): Schuld und Schuldgefühle. Heidelberg: Schneider. UB: 225.717

Carrier, Martin & Mittelstrass, Jürgen (1989): Geist, Gehirn, Verhalten. Das Leib-Seele-Problem und die Philosophie der Psychologie. Berlin: de Gruyter.

Condrau, Gion (1962): Angst und Schuld als Grundprobleme der Psychotherapie. Bern: Huber. UB: 293.039

Delumeau, Jean (1985): Angst im Abendland. Die Geschichte kollektiver Ängste im Europa des 14. bis 18. Jahrhunderts. 2 Bände. Reinbek: Rowohlt.

Drewermann, Eugen & Jeziorowski, Jürgen (1991): Gespräche über die Angst. Gütersloh: Gütersloher-Verlags-Haus Mohn. (209)

Flöttmann, Holger Bertrand (1989): Angst: Ursprung und Überwindung. Stuttgart: Kohlhammer. UB: 439.223

Gagern, F.v. (1990): Der andere Gott. Christsein ohne Angst. München: Kösel. UB: 439.663

Görres, Albert & Rahner, Karl (1982): Das Böse. Wege zu seiner Bewältigung in Psychotherapie und Christentum. Freiburg: Herder.

Gordan, Paulus (Hrsg.)(1990): Leid - Schuld - Versöhnung. (Salzburger Hochschulwochen 1989). Graz: Styria. UB: 439.430

Gründel, Johannes (1990): Schuld - Strafe - Versöhnung aus theologischer Sicht. In: Köpcke-Duttler, Arnold (Hrsg.): Schuld - Strafe - Versöhnung. Ein interdisziplinäres Gespräch. Mainz: Matthias Grünewald. UB: 440.529

Hartung, Marianne (1979): Angst und Schuld in Tiefenpsychologie und Theologie. Stuttgart: Kohlhammer. UB:16.485/647

Hicklin, Alois (1990): Das menschliche Gesicht der Angst. Stuttgart: Kreuz. (Ps d 71)

Hofmann, Fritz (Hrsg.)(1987): Phantom der Angst. 33 Erzählungen aus Deutschland und Österreich 1933-1945. 2 Bände. Berlin: Verlag der Nation. UB: 438.557

Kierkegaard, Sören (1844): Der Begriff Angst. Übers., mit Einl. u. Komm. versehen v. Hans Rochol.Hamburg: Felix Meiner, 1984. SJ: 42.235/ 340.

Köpcke-Duttler, Arnold (Hrsg.)(1990): Schuld - Strafe - Versöhnung. Ein interdisziplinäres Gespräch. Mainz: Matthias Grünewald. UB: 440.529

Körtner, Ulrich H. (1988): Weltangst und Weltende. Eine theologische Interpretation der Apokalyptik. Göttingen: Vandenhoeck & Ruprecht. (206-NT)

Kulturverein Schloß Goldegg (Hrsg.)(1989): Lebensängste - Ängste leben. 8. Goldegger Dialoge 25.-27.Mai 1989. Goldegg. UB: 81.238/8

Lauer, Werner (1972): Schuld, das komplexe Phänomen. Ein Vergleich zwischen schicksals- und daseinsanalytischem Schuldverständnis im Lichte christlicher Ethik. Kevelaer: Butzon & Bercker. UB: 231.696/ N.F.6

Lapide, Pinchas (1983): Schuld und Umkehr im Judentum. In: Sievernich, Michael & SEIF, Klaus Philipp (Hrsg): Schuld und Umkehr in den Weltreligionen. Mainz: Matthias Grünewald. S. 43-60.

Oraison, Marc (1973): Überwindung der Angst. Frankfurt: Josef Knecht. UB: 409.515

Pfister, Oskar (1944): Das Christentum und die Angst. Eine religionspsychologische, historische und religionshygienische Untersuchung. Zürich: Artemis. UB: 240.562

Pöldinger, Walter (Hrsg.)(1988): Angst und Angstbewältigung. Bern: Huber. (Inst.)

Rahner, Karl (1984): Grundkurs des Glaubens. Einführung in den Begriff des Christentums. Freiburg: Herder. (Bes. Kap.III, 97-121)

Rahner, Karl (1962): Schuld und Schuldvergebung. In: Bitter, Wilhelm (Hrsg.): Angst und Schuld in theologischer und psychotherapeutischer Sicht. Stuttgart: Klett. S. 54-67. (Ps h 29)

Rey, Karl G. (1990): Licht der Hoffnung im Dunkel der Angst. Erfahrungen eines Psychotherapeuten im Grenzbereich von Psychologie und christlichem Glauben. Zürich: NZN-Buchverlag. (HB/M 440.567)

Ricoeur, Paul (1971): Phänomenologie der Schuld. Band 1: Die Fehlbarkeit des Menschen. Band 2: Symbol des Bösen. Freiburg: Alber. UB: 407.504 od. Chr.Phil.(Rs)

Sass, H. (1988): Angst und Angstfreiheit bei Persönlichkeitsstörungen. In: Hippius, Hanns; Ackenheil, Manfred & Engel, Rolf R. (Hrsg.):Angst. Leitsymptom psychiatrischer Erkrankungen. Berlin: Springer. S. 87-93.

Sbandi, Pio & Vogl, Anna (1988): Die Gruppenperspektive. Ein Beitrag zu einer "relationalen" Kommunikations- und Gruppentheorie. *Gruppenpsychotherapie und Gruppendynamik 23(4), 306-327.*

Schwager, R. (1990): Der Böse, das Böse und der gute GOTT. In: Gordan, Paulus (Hrsg.): Leid - Schuld - Versöhnung. (Salzburger Hochschulwochen 1989). Graz: Styria. S. 69-90. UB: 439.430

Schulte, W. (1961): Angstsyndrome. Monatskurse für ärztliche Fortbildung 11, 586 ff.

Schulz, Walter (1979): Die Dialektik von Geist und Leib bei Kierkegaard. Bemerkungen zum »Begriff Angst«. In: Theunissen, Michael & Greve, Wilfried (Hrsg.): Materialien zur Philosophie Sören Kierkegaards. Frankfurt: Suhrkamp. S. 347-366.

Sievernich, Michael & Seif, Klaus Philipp (Hrsg) (1983): Schuld und Umkehr in den Weltreligionen. Mainz: Matthias Grünewald.

Silva-Tarouca, Amadeo (1953): Die Logik der Angst. Innsbruck: Tyrolia. UB: 41.087

Stein, Edward (1978): Schuld im Verständnis der Tiefenpsychologie und Religion. Olten: Walter.UB: 421.346

Strian, F. (1983): Angst, Grundlagen und Klinik. Ein Handbuch zur Psychiatrie und medizinischen Psychologie, Springer, Berlin.

Wandruszka, Mario (1959): Was weiß die Sprache von der Angst? In: Bitter, Wilhelm (Hrsg.): Angst und Schuld in theologischer und psychotherapeutischer Sicht. Stuttgart: Klett. S.14-22.

Watzlawick, P. (1988): Angst und Angstbewältigung als psycho-soziales Problem.In: Pöldinger, Walter (Hrsg.): Angst und Angstbewältigung. Bern: Huber. S.65-72. (Ps d 68)

Zacher, Albert (1987): Schuld. Eine phänomenologisch-anthropologische Studie. *Wege zum Menschen 39, 163-175.*

Autor

o. Univ. Prof. Dr. Pio Sbandi, Sillgasse 8, A-6020 Innsbruck

Angst und Schuld des Suchtkranken

Th. Legl und G. Pernhaupt

Es gibt zwei Gruppen seelisch Kranker, die stark unter unbewußten und bewußten Gefühlen von Angst und Schuld leiden. Das sind einerseits Personen, die in ihrer Kindheit sexuell mißhandelt wurden, und die große Gruppe der Suchtkranken, speziell der sogenannten Drogenkranken.

Des öfteren existiert die irrige Meinung, daß es sich bei Drogenabhängigen um besonders hedonistische, lustbetonte Menschen handelt. Dies mag vielleicht für stabile Persönlichkeiten, die Alkohol oder weiche Drogen in geringer Menge als Stimulans im sozialen Kontext verwenden, seine Gültigkeit haben, der Abhängige jedoch verfügt über keinerlei Genußfähigkeit. Es besteht vielmehr der Drang nach Befriedigung infantiler oraler Bedürfnisse. In seiner oft neurotischen Persönlichkeitsstruktur, als Resultat einer viele Jahre dauernden Fehlentwicklung, ist die Drogeneinnahme eher als Bewältigungsversuch des neurotischen Konfliktes zu deuten.

Angst und Schuldgefühle spielen dabei eine grundlegende Rolle. Der Drogenkonsum wird oft als einzige Möglichkeit erkannt, Ängste kurzfristig zu beseitigen und damit triebhaften Bedürfnissen zum Durchbruch zu verhelfen. In der offensichtlich zerstörerischen Handlung kann den aggressiven Neigungen gegen die eigene Person, die als Ausdruck latenter Schuldgefühle verstanden werden können, nachgegeben werden.

Vor allem die vermehrte Angst, unter welcher Personen mit Abhängigkeitsproblemen leiden, ist in zahlreichen empirischen Untersuchungen hinreichend belegt. Meist werden Konflikte im Zusammenhang mit Aggression und Sexualität als Quellen der Angst genannt. Generell findet man in der Anamnese von Abhängigen, daß seit der frühen Kindheit die Beziehung zu den wichtigsten Bezugspersonen gestört ist, wodurch das Kind nie lernen konnte, mit Ängsten und feindseligen Begegnungen umzugehen. Die Lebensgeschichte ist voll von angstbesetzten Situationen, die meist infolge von Schamgefühlen vor der Umwelt versteckt wurden.

In erklärenden Theorien zur Suchtproblematik werden Gefühlen von Schuld und Scham ursächliche Wirkung zugeschrieben. Van Dijk vertritt die Ansicht, daß Schuldgefühle das Bedürfnis nach Substanzmißbrauch wecken. Die sozialen negativen Konsequenzen und die Selbstvorwürfe vermehren die ursprünglichen Schuldgefühle und damit ebenfalls den Drang nach neuerlichen Drogeneinnahmen. In diesem Konflikt entsteht die Identifikation in der "sozialen Rolle" als Süchtiger.

Im Grünen Kreis wurde nun einer Gruppe von 87 Patienten in Langzeitrehabilitation ein einfach strukturierter Fragebogen vorgelegt. Das Ziel dabei war, deskriptive Aussagen zur

Thematik für eben diese Gruppe zu erhalten, um den Stellenwert von Angst und Schuldgefühlen in ihrem bisherigen Leben zu beleuchten. In diesem Sinne sind die Ergebnisse nicht verallgemeinerbar. In differenzierter Form decken sie sich jedoch mit den empirischen Ergebnisse der Fachliteratur. Nach Vorgesprächen wurde der Fragebogen entwickelt. Es wurden typische Kategorien für die Untersuchungsgruppe zu den Themen "Ängste in Kindheit und Pubertät", "Reaktion auf manifestes Erleben von Angst" und "Bewältigungsversuche im Umgang mit Ängsten" getrennt. Die Untersuchungsgruppe ist bezüglich ihrer Aufenthaltsdauer in der therapeutischen Gemeinschaft sehr heterogen, die Ergebnisse könnten etwas verfälscht sein, da vor allem Personen mit kurzer Aufenthaltsdauer dazu tendieren, Ängste zu verschweigen.

Ergebnisse

Themenbereich Angst

67 % der Befragten geben Ängste in Richtung Trennung und Verlassenwerden an. Dabei kann man davon ausgehen, daß früher Verlust und Trennung von wichtigen Bezugspersonen real vorhanden war. Mehr als die Hälfte geben Ängste vor Ablehnung, Alleinsein und Gewalt an, weiters spielt die Angst vor Versagen, vor Auseinandersetzungen der Eltern und vor Dunkelheit eine große Rolle. Als Reaktion auf die erlebte Angst wird von den meisten Mißtrauen, Vorsicht und Aggression angeführt. Aggression und Trotz nehmen auch den höchsten Stellenwert als Bewältigungsstrategie im Umgang mit Ängsten ein.

Ängste in Kindheit und Pubertät

Trennung und Verlassenwerden	67 %
Ablehnung	63 %
Alleinsein	56 %
Gewalt	52 %
Versagen	44 %
Auseinandersetzungen der Eltern	44 %
Dunkelheit	37 %
Tod	37 %
Liebesentzug	33 %
Bestrafung	33 %
Prüfung	30 %
Sexualität	26 %
Bezugsperson	22 %
Tiere	11 %
bestimmte Gegenstände	7 %

Reaktion auf manifestes Erleben von Angst

Mißtrauen	67 %
Vorsicht	67 %
Aggression	52 %
Nervosität	44 %
Lügenhaftigkeit	41 %
Rückzug und Kommunikationslosigkeit	33 %
Schlafstörungen	26 %
Lernschwierigkeiten	19 %
Leistungsschwäche	15 %

Bewältigungsversuche im Umgang mit Ängsten

Aggression	59 %
Trotz	59 %
Ablenkung	56 %
Sturheit	52 %
Weinen	44 %
Versuch, perfekt zu sein	33 %
Singen, Pfeifen	30 %
Aktivitätsdrang	26 %
Tendenz, sich übertrieben positiv zu zeigen	26 %
Schreien	19 %

Tod, Dunkelheit, Trennung und Verlassenwerden

Der ungewöhnlich hohe Anteil von süchtigen Menschen bei Selbetmord und Selbstmordversuchen ist hinlänglich bekannt. Er ist bis zu 75 mal höher als unter der Normalbevölkerung. Auch in der Suizidalforschung wird die Ansicht vertreten, daß hinter Selbstmordhandlungen eine immense Angst vor dem Tod steht, die sich zum Wunsch danach wandelt, da dies die Hoffnung auf Ruhe und Frieden beinhaltet. Beschrieben wird dabei das dauernde Aufsuchen tödlicher Gefahren, was auch als Abwehr gegen die unerträglich gewordene Todesangst zu verstehen ist, die in übermäßig vielen Lebensbereichen blockierend wirkt.

Ebenfalls ausführlich beschrieben ist die hohe Anzahl an frühen Todes- und Trennungserlebnissen bei Abhängigen. In der Anamnese sind des öfteren übermäßig frühe und in gehäufter Anzahl auftretende Todesfälle in der Familie festzustellen, die in verschiedenen Untersuchungen ein signifikantes Trennungsmerkmal gegenüber Kontrollgruppen darstellen. Coleman vertritt die Ansicht, daß diese Todesfälle nicht effektiv verarbeitet oder durch Trauer überwunden werden. Innerhalb der Familie überwiegen ständig Gefühle der Hoffnungslosigkeit und der Sinnesleere. In späterer Folge erleichtert Sucht nun das todesbezogene partizipatorische Verhalten der Familie. Der Süchtige werde zum "Substitut des Verstorbenen", er wird behandelt, als durchliefe er einen langsamen Todesprozeß. In dieser paradoxen Haltung wird es den Familienmitgliedern möglich, den vorzeitigen und unbewältigten Tod eines anderen Familienmitglieds zu perpetuieren.

Die beständigen Todesängste in der frühen Kindheit können die später deutlich fehlende Konstanz im Lebensrhythmus mitbestimmen. Sehr oft besteht große Angst vor dem Einschlafen, das mit der Vorstellung, nicht mehr aufzuwachen, verbunden ist. Meist ist Entspannung und geregelter Schlafrhythmus erst gar nie möglich gewesen. Theorien, die vom Lebensrhythmus ausgehen, nehmen an, daß Drogeneinnahmen teilweise auch als Versuche gesehen werden müssen, überhaupt zu einem geregelten Schlafrhythmus zu kommen.

In der Untersuchung werden diese Ängste teilweise recht deutlich geschildert:

"Manchmal, wenn ich allein zu Hause war, oder auch nur allein im Zimmer, hatte ich in der Dunkelheit Angst, in ein großes schwarzes Loch zu versinken, aus dem ich nicht mehr herauskomme, ich fühlte mich hilflos und ohne Orientierung, um mich drehte sich alles, und ich konnte nicht einmal mehr ahnen, wo die Tür oder das Fenster war. Oft tapste ich lang im Zimmer herum und konnte den Lichtschalter nicht finden, da ich die Orientierung völlig verloren hatte. Ich mußte dann immer das Licht anlassen, damit ich mich jederzeit an den verschiedensten Dingen des Zimmers orientieren konnte."

"Wenn die Eltern über Nacht oder am Wochenende nicht zu Hause waren, hatte ich furchtbare Angst vor dem Verlassenwerden, das Alleinsein ertrug ich nicht. Die Dunkelheit im Zimmer konnte ich dann keinesfalls ertragen, ich konnte nicht schlafen, oft habe ich Licht im ganzen Haus gemacht und bin nachts durch die Wohnung gerannt.

Wenn mich die Angst vor Alleinsein und Verlassenwerden überkam, habe ich mich oft in mein Zimmer verschanzt und stundenlang mit meinen Stofftieren gespielt, zu denen ich eine starke Beziehung hatte, und dann kam nichts anderes mehr an mich heran."

Andere Patienten schildern, daß sie des Nachts nicht einschlafen wollten und dagegen ankämpften aus Angst, nicht mehr aufzuwachen, das Licht mußte dann die ganze Nacht brennen. In dieser Situation kam es dann bei manchen zu akuten Gefühlen von Bedrohung:

"Ich habe im Finstern ständig Angst, daß irgendwo ein Mörder oder der Tod in Person lauern könnte. Ich habe ständig das Gefühl, davonlaufen zu müssen; schwere Krämpfe in der Magengegend, Angespanntheit."

"Ich glaube, auch wenn ich allein bin, nie allein zu sein, ständig habe ich das Gefühl, daß jemand Bedrohlicher anwesend ist."

Die latente Todesangst und die Angst vor Trennung und Verlassenwerden stehen oft in ursächlichem Zusammenhang. So schildert ein Patient, daß er in ständiger Angst lebte, daß seine Mutter sterben werde. Ein zweiter berichtet, daß er als Kleinkind lange Zeit krank war und diese Zeit im Spital alleine verbrachte. Auch in weiterer Folge wurde er von seinen Eltern immer wieder alleine gelassen, die Gefühle des Verlassenseins waren ständig präsent. In dieser Zeit litt er an für ihn unbeschreiblichen Todesängsten, auf die er meist mit hysterischen Anfällen reagierte.

Gewalt

Die Hälfte der untersuchten Gruppe berichtet, vor ständigen Prügeleien Angst gehabt zu haben. Dies war oft gekoppelt mit Scham- und Schuldgefühlen, teils auch mit der Identifikation mit dem Aggressor. So berichtet ein Patient, vom Vater oft geschlagen worden zu sein, dies aber immer verdient zu haben. Die große Angst, geschlagen zu werden, ging mit schlechtem Gewissen einher. In einem ständig wiederkehrenden Traum taucht der strafende Vater offensichtlich in Form des Teufels auf: "Ich bin allein zu Hause, es klopft an der Eingangstüre, mich überfällt Angst, ich weiß, wer vor der Tür steht, blicke durch den Türspion und blicke genau in das Gesicht des Teufels. Ich laufe vor Angst zurück in die Wohnung und merke, daß ich keine Chance habe. Der Teufel kommt durchs Schlüsselloch, um mich zu zerstückeln, er zerstückelt mich, spült mich durchs WC in den Keller. Im Keller bin ich wieder ganz und auch ganz allein. Ich versuche zu flüchten, es gibt zwei Stahltüren. die erste fällt zu, ich laufe zur zweiten Tür, die offensteht, da fällt auch diese zu."

In der Folge wurde die reale Bedrohung ständig erlebt, die Möglichkeit zur Erleichterung und entspannendem Rückzug war nicht vorhanden. Ständig wurde ein Aggressor als anwesend erlebt. Das Gefühl von Sicherheit fehlte völlig. Dunkelheit war nicht zu ertragen: "Ich hatte immense Angst vor Kellern und Dunkelheit, glaubte nie, alleine zu sein, auch wenn ich alleine war."

Von einem schwer beziehungsgestörten Patienten wird berichtet, daß er von seinen Bezugspersonen fast ausschließlich Gewalt, Haß und Aggressionen erlebte: "Ich hatte panische Angst vor den sadistischen Quälereien der verschiedensten Lebensgefährten meiner Mutter. Daraus entstand große Angst vor jeglichem Gefühl von Schwäche und positiver Zuneigung anderen Personen gegenüber, da ich immer erwarten mußte, daß dies ausgenützt würde. Ich konnte das tragische Gefühl in mir nicht aushalten."

Ein weiterer Patient führt seine völlige Kommunikationsunfähigkeit auf seine Angst vor Gewalt zurück, wobei eine immense Befürchtung besteht, seine eigenen aggressiven, gewalttätigen Anteile zu erkennen: "Als ich erfuhr, daß mein Vater bei der Waffen-SS war, regierte die Angst, daß ich ähnlich werden könnte, bei meinem Vater konnte ich keinerlei Einsicht bemerken. Dies steht im Zusammenhang dazu, daß ich fürchte, daß es zu Krieg und Katastrophen kommt. Generell kann ich keinerlei positiven Aspekt erkennen."

"Die Gewalt war daheim allgegenwärtig, meine Brüder und ich wurden ständig geschlagen, Hauptgrund waren schlechte Leistungen in der Schule, aber auch Nichtigkeiten, wie ein zerrissenes Hemd beim Spielen."

Die erlebte Gewalt geht auch teilweise in Richtung chronischer Mißhandlung. Eine Patientin beschreibt folgende Situationen:

"Meine Mutter war Alkoholikerin, kam oft des Nachts betrunken nach Hause, dann schlug sie mich. Wenn sie nicht zu Hause war, konnte ich deswegen nie schlafen, das Licht mußte immer brennen, da ich Angst hatte, sie in der Dunkelheit nicht zu sehen und mich deswegen auch nicht gegen ihre Schläge schützen zu können, d.h. die Hände über den Kopf zu halten oder die Decke über den Kopf zu ziehen. Ich hatte einmal erlebt, daß meine Mutter meine Schwester ins Gesicht schlug und diese stark blutete. Ich hatte ständige Angst, meine Mutter könnte auch mich so zurichten. In der Folge brachte ich Menschen nur Mißtrauen entgegen, zog mich völlig zurück und wurde völlig kontaktarm. Für meine Mutter schämte ich mich sehr, nach außen log ich und versuchte den Schein einer glücklichen Familie zu wahren. Ich wurde sehr nervös, konnte nie ruhig sein und war immer in Bewegung. Ich glaubte nie, irgendeinen Wert zu besitzen, nur in der Schule während des Unterrichts konnte ich zeigen, daß ich gut war. Ich bemühte mich sehr, war die Unterrichtsstunde aus, war ich wieder klein und winzig. Das wenige an Zuwendung, das ich sonst erhielt, war mir nicht sicher, und ich fürchtete beständig, dies auch zu verlieren. Ich bemühte mich um Anerkennung, aber immer umsonst. In meiner Verzweiflung, besonders wenn ich allein war, weinte und schrie ich, bis ich vor Erschöpfung einschlief, dies erlebte ich als angenehm, deshalb weinte ich viel, einfach um einzuschlafen. Auf der anderen Seite trieb mich die Angst auch dazu, überaktiv zu sein, um abzuschalten. Ich räumte wie eine Irre die Wohnung zusammen und versuchte alles, was ich tat, perfekt zu machen. Trotzdem ich versuchte, perfekt zu sein, erntete ich hauptsächlich Ablehnung. Da ich keine anderen Möglichkeiten wahrnahm, um mit meinen Ängsten umzugehen und Anerkennung, die ich trotzdem nicht erhielt, zu erreichen, wurde ich immer sturer und kapselte mich in meinem Tun völlig von allen anderen ab."

Auseinandersetzungen der Bezugspersonen, Alleinsein

In der Lebensgeschichte Drogenabhängiger überwiegen zwei Erziehungsstile: Der entmutigende, aber auch der überfürsorgliche Erziehungsstil. Beide führen zum selben Ergebnis, nämlich zu geringer Selbstachtung und geringem Selbstwertgefühl. Der entmutigte Lebensstil geht auf eine Umwelt zurück, in der das Kind wenig gefördert wird, kaum beachtet und sich selbst überlassen ist. Die übermäßige Verwöhung führt ebenfalls dazu, daß keine eigenen Fähigkeiten entwickelt werden können und Trennung und Alleinsein Gefühle von Angst und Unvermögen auslösen. In ersterer Beziehungsstruktur sind die Eltern oft mit ihren eigenen Beziehungsproblemen beschäftigt und überfordert. Darüber wird wie folgt berichtet: "Ich war ständiges Thema von Streitereien zwischen meinen Eltern und stand im Mittelpunkt, dadurch hatte ich keinerlei Anhaltspunkte, erlebte Angst und Unsicherheit." Dies äußerte sich psychosomatisch. "Ich bekam Fieberblasen, Fieberanfälle, ich begann oft zu zittern, was ich nicht mehr kontrollieren konnte."

"Es gab ständig Auseinandersetzungen, und ich erhielt dann keinerlei Aufmerksamkeit ich hatte große Angst, ständig allein sein zu müssen, isoliert zu sein."

"Meine Eltern stritten ständig. Ich zog mich daraufhin sofort zurück." Es entsteht große Angst vor diesen Streitereien. "Ich konnte kaum mit jemandem wirklich sprechen, nur das Notwendigste, da ich Angst hatte, es könnte auch da zu Streitigkeiten kommen. Mein großes Bedürfnis, mit jemandem wirklich zu sprechen, kann ich aus dieser Angst heraus nicht ausleben."

Auch der Einfluß überfürsorglicher Erziehung wird beschrieben: "Ich wurde überbehütet, Vertrauenspersonen waren ständig um mich, jeder Einfluß von außen war mir fremd und löste immense Angst aus. Das Alleinsein war mir deswegen unerträglich, insofern konnte ich auch keinen Liebesentzug ertragen, da ich große Angst habe, auf mich selbst angewiesen zu sein."

"Die übermäßige Behütung löste schweres Mißtrauen gegen die Umgebung aus, es dominierten Vorsicht und Vermeidung von echtem Kontakt. Um nicht aufzufallen und greifbarer zu werden, gewöhnte ich mir eine ständige Lügenhaftigkeit an. Ich versuche mich als perfekt darzustellen, lenke mich ab, suche keine unangenehmen Situationen auf. Die Umwelt darf auf keinen Fall auch nur die kleinste Ängstlichkeit ahnen."

Leistung, Autoritäten

Vielfach war im familiären Bezugssystem nicht die Person an sich, sondern die Leistung von Maßgeblichkeit. Das Gefühl, nur akzeptiert zu werden, wenn die erwarteten Leistungen erbracht würden, oder auch überhaupt nur dann beachtet zu werden, wenn ständig irgendwelche besonderen Leistungen zu sehen waren, ist keine Seltenheit. Wichtige Bezugspersonen werden dann als angstbesetzte Autoritäten erlebt, zu denen keine echte Beziehung besteht. In der Untersuchung finden wir folgende Beschreibungen:

“Ich fühle mich Autoritäten hilflos ausgeliefert, mir wird meine Ohnmacht/Hilflosigkeit bewußt. Ich kann mich auf nichts konzentrieren.”

“Obwohl anscheinend nichts von mir verlangt wird, ist es ständige notwendig, Erfolg zu haben, das Versagen ist schwer “angstbestetzt”.” Unausgesprochen steht die Angst vor dem Liebesentzug dahinter, nicht die Person, sondern die Leistung ist im familiären Bezugssystem von Maßgeblichkeit.

“Ständig lebte ich in Angst vor dem Versagen. Wenn ich in der Schule schlechte Noten erhielt, meinte ich daraufhin, nicht mehr gemocht zu werden. Ich habe mir selbst so einen Leistungsdruck auferlegt, daß ich oft damit überfordert war. Dann konnte ich nichts mehr machen, mir gelang gar nichts mehr.”

“Meine Prüfungsangst war enorm, da ich bei jeder schlechten Leistung furchtbar bestraft wurde. Diese Angst vor dem Versagen führte zu völliger Vermeidung und Verweigerung, ich konnte keinerlei Ausbildung abschließen - ich fühle mich als totaler Versager.”

“Die Leistungen waren über alles wichtig, Bestätigungen erhielt ich nur über Leistung. Da ich mich nicht als Person geachtet fühlte, hatte ich ständig Angst vor anderen Menschen, hauptsächlich vor Autoritätspersonen, Lehrern, Vorgesetzten, aber auch den Eltern. Aus Angst vor Versagen und dem damit verbundenen Ausbleiben von Anerkennung, flüchtete ich mich bei Versagen in Lügenhaftigkeit und Aggression.”

“Ich wurde nie anerkannt; die Zuwendung und Zuneigung war das einzige, was ich hatte, ich konnte daher keine Ablehnung ertragen.”

“Meine älteren Brüder wurden gelobt, mir kam vor, sie seien gescheiter und “besser”, ich hatte große Angst, daß ich nichts wert sei, verlassen und abgelehnt zu werden und alleine zu sein. Ich zog mich zurück und begann in aggressiver Wut Dinge, die meinen Bezugspersonen gehörten, zu zerstören. Das Quälen von Schwächeren machte mir Spaß und war das Resultat dieser Ängste und Minderwertigkeitsgefühle, teilweise zog ich mich in autistische Abgeschirmtheit zurück, starrte lange Zeit stumm vor mich hin. In meiner Angst, nicht akzeptiert zu werden, verstrickte ich mich, um Aufmerksamkeit zu erregen, in ständige sinnlose Kämpfe und zerstörte Dinge, die mir wichtig waren. Heimlich tat ich “gute” Dinge, die ich, wenn ich nicht ganz zufrieden war, zerstörte.

Themenbereich Schuldgefühle

Im Unterschied zu den Ängsten sind die Schuldgefühle oft unbewußt wirksam. Ihre Rolle in einem sich selbst verstärkenden Kreislauf der Abhängigkeit wurde bereits erwähnt. In oberflächlicher Form sind Schuldgefühle meist in der aktiven Drogenzeit in Form von Gewissensbissen gegenüber den Bezugspersonen, gegenüber Freunden, von denen man meint, man hätte sie zum Drogenkonsum verleitet, vorhanden. So können sie auch in der Rehabilitation noch lange wirksam sein; nie zugegebene Diebstähle in der Familie und Betrügereien wirken dann lange nach. Wenn dies nicht besprochen und bearbeitet werden kann, wird ein Gefühl der Hilflosigkeit, das Geschehene nicht mehr gutmachen zu können. andauern. In therapeutischen Gruppensitzungen mit Angehörigen ist dies allerdings einfach zu bearbeiten. Schwieriger ist es, die unbewußt wirkenden, seit der frühen Kindheit verankerten Schuldgefühle bewußtzumachen. Diese resultieren meist aus einer instabilen Familiensituation, in der das Kind keinerlei Sicherheit erleben kann. Sind die Eltern selbst sehr bedürftig oder in andauernden Streitereien und Auseinandersetzungen mit sich selbst beschäftigt, erlebt sich das Kind oft als unerwünscht oder auch verantwortlich für das Befinden der Eltern und den Hausfrieden. Erwiesenermaßen sind die Mütter drogenabhängiger Personen oft depressive, ängstliche Menschen, während der Vater oft fehlt oder kaum vorhanden ist. In ihrer Bedürftigkeit sind sie auf die Zuwendung durch das Kind angewiesen, womit das Kind schwer überfordert ist. Das Dogma, ständig brav sein zu müssen, zur Mutter immer lieb und nett zu sein und ihre Launen zu ertragen, stellt eine unglaubliche Überforderung dar. Das Kind hält die eigenen Gefühle für eine die Eltern überfordernde Belastung, was bis zur Infragestellung der eigenen Person gehen kann. Aggressive Impulse müssen völlig verdrängt werden, es nimmt die Schuld für die Misere der Eltern oft auf sich. Das Kind darf nicht sagen, was es nicht schätzt, muß oft eine falsche Dankbarkeit vorspielen und schämt sich für die schauspielerischen Leistungen. Der Glaube, daß etwas mit ihm selbst ursächlich nicht in Ordnung sein könnte, prägt sich im geheimen aus.

In der Fragebogenuntersuchung wird hauptsächlich das Thema des bedürftigen Elternteils artikuliert. Bei vier Personen hat die offene Suchtproblematik der Mutter ursächliche Bedeutung für die vehementen Schuldgefühle. Diese Belastung wirkt meist bis in die Gegenwart und ist so tief verankert, daß sie im therapeutischen Prozeß nur schwer aufarbeitbar ist. So beschreibt ein Patient, daß er sich lange Zeit für die Sucht seiner Mutter schuldig gefühlt hat. "Die Schulden, die ich jetzt habe, gehören zum Teil ihr. Dennoch fühle ich mich so schuldig und bezahle auch ihren Teil mit."

Derartige Strukturen können zu dynamischen Prozessen, die in erlernte Hilflosigkeit münden, führen. Ein grundlegendes Empfinden, minderwertig und unfähig zu sein, wird akzeptiert und angenommen. "Ich glaubte die Schuld an der Sucht meiner Mutter zu haben, da ich nicht so war, wie sie mich wollte! In der Folge kam ich mir mehr und mehr schlecht und minderwertig vor. Ich konnte kein gesundes Selbstvertrauen entwickeln, und ich fühlte mich immer weniger wert als andere Menschen. Jahrelang habe ich all dies verdrängt. Irgendwann ist es für mich festgestanden, daß ich minderwertig bin! Ich habe es akzeptiert und nie den Versuch gemacht, es zu ändern. Erst hier im Lauf der Therapie konnte ich erkennen, was mit mir los ist. Als Kind habe ich so oft gehört, daß ich schlecht bin, daß ich es selbst geglaubt habe." Auch in weiteren Beschreibungen steht die Bedürftigkeit der Mutter als zentrales Thema. "Wegen jeder Kleinigkeit hatte ich meiner Mutter gegenüber Schuldgefühle. Ich nahm an, daß irgend etwas mit mir nicht in Ordnung sein könnte, ich glaubte keinen Familiensinn zu haben, weil ich nicht so war, wie mich die Mutter gern gehabt hätte. Dies löste große Unsicherheit aus. Von meinem Vater wurde mir auch oft vorgehalten, daß ich unfähig sei. Ich konnte dies nur aushalten, indem ich bei jedem Streit und bei jedem Anlaß meiner Mutter die Schuld für meine Unfähigkeit gab. Diese Reaktion belastete mich ebenfalls schwer."

Oft entsteht der ständige Zwang, besondere Leistungen zu bringen, immer agil und fleißig zu sein, um im Endeffekt den mangelnden Selbstwert der Mutter durch die eigene Leistung aufzuwerten.

"Schuldgefühle hatte ich zum Beispiel, wenn meine Mutter massiv ihre Enttäuschung zeigte, wenn ich etwas nicht gemacht oder nicht geschafft hatte, was sie von mir erwartet hatte. Dies betraf in erster Linie die Leistungen in der Schule und die Mithilfe im Haushalt. Besonders schuldig fühlte ich mich im nachhinein, wenn ich einen Auftrag nicht erledigte, weil ich keine Lust dazu hatte oder etwas anderes lieber tat. Ablehnen konnte ich keine der vielen Forderungen meiner Mutter. Ich erlebte meine Mutter immer im Streß und fühlte mich dazu verpflichtet, meine Mutter immer zu unterstützen. Dabei hatte ich die Gewißheit, daß ich dazu gar nicht gut genug sei. Ich hielt es nicht aus, ihr nicht nur keine Unterstützung sein zu können, sondern sie auch noch zu enttäuschen, wodurch ich sie doppelt belastet glaubte. Wenn ich meinen Anliegen den Vorrang gab, hatte ich immer ein schlechtes Gewissen und ständige Angst, von der Mutter nicht mehr geliebt und auch nicht mehr akzeptiert zu werden. Mit meinen Schuldgefühlen konnte ich nur in der Form umgehen, daß ich versuchte, die Enttäuschung immer wieder gutzumachen, indem ich ihr besonders viel geholfen oder abgenommen habe. Der Zweck war, mein beständiges schlechtes Gewissen wieder zu beruhigen. Das schlechte Gewissen dauerte auch an, als ich von zu Hause auszog. Es war ständig da, und ich konnte nur so damit umgehen, daß ich den Kontakt zu meiner Mutter lange Zeit gänzlich mied. Allerdings stellte auch dies keine Lösung dar."

Ein Patient schildert, daß er erst anläßlich der Arbeit in der Angehörigengruppe seine Schuldgefühle der Mutter gegenüber bewußt erleben und teilweise ablegen konnte. Er erkannte, daß er der Mutter immer alles recht machen mußte, nur um sie zufriedenzustellen. Die Angst vor Ablehnung stand immer bedrohlich im Hintergrund. Dies ging auch so weit, daß er seine eigenen Berufswünsche völlig zurückstellte, nur um dem Wunsch der Mutter nachzukommen. Als er nicht funktionierte, wie die Mutter wollte, erlebte er vehemente Ablehnung. Durch das Weinen der Mutter, welches sie demonstrativ darstellte, fühlte er sich gelähmt. Die oft auftretenden aggressiven Gefühle ihr gegenüber mußten sofort verdrängt werden. Oft wird auch geschildert, daß die Mutter Nervenzusammenbrüche erlitt, wenn etwas nicht nach ihrer Vorstellung lief.

So schildert ein Patient, daß er immer dachte, er allein sei dafür verantwortlich, er wurde nervös, unkonzentriert und wollte ständig weg. Mit den latenten Schuldgefühlen konnte er nur durch den Versuch, immer brav zu sein und den Hang, alles perfekt zu machen, leben.

Die nicht erlaubte, beständig erlebte Aggression, die oft nur in selbstdestruktiven Handlungen zum Ausdruck kommen darf, wird oft bereits nach Beginn der Drogenkarriere - der Drogenkonsum stellt oft einen sichtbaren Anlaß dar, diese Konflikte in einem konkreten Thema, nämlich dem des devianten Verhaltens aufleben zu lassen, um sie nicht wirklich beim Namen nennen zu müssen - in übertriebenen Gewaltakten ausgelebt, was meist trennenden Effekt hat. Die Erinnerung bewirkt ständiges Schuldbewußtsein. Dies kann sich auf die weiteren Beziehungen überleiten, der Wiederholungszwang, die unbewältigten Muster immer auf gleiche Art nachzuvollziehen, wird auch in der gegebenen Untersuchung deutlich. Ein Patient skizziert das Thema seiner Schuldgefühle wie folgt: "Immer wieder manövriere ich Personen, die mir sehr wichtig sind, wissentlich in Situationen hinein, in denen sie hilflos sind, dem sehe ich fasziniert zu und freue mich darüber, gleichzeitig möchte ich am liebsten davonlaufen und ekle mich vor mir. Die Schuldgefühle sind so bedrückend, daß ich mich beständig in selbstdestruktiver Form davor schützen muß. Dies geschieht durch die Einnahme von Drogen jeder Art, durch beständige Flucht, Beziehungsabbrüche, durch Distanz zu allen Bekannten, bis zum Selbstmordversuch. Die ständige Belastung kann ich nur durch Hyperaktivität aushalten."

Wenn diesen übertrieben aggressiven bis sadistischen Tendenzen gegen die Bezugsperson keine Grenze gesetzt wird, kann es auch keine Möglichkeit geben, die Schuldgefühle zu bearbeiten und möglicherweise abzulegen. Ein Patient beschreibt seine Schuldgefühle als "ein Gefühl, in dem mir irrsinnig vor mir selbst gegraut hat". Die Schuldgefühle hatte er gegenüber seiner Frau. Er gibt an, sie ständig belogen, betrogen und ihr Vertrauen mißbraucht zu haben. Trotzdem hielt die Frau immer wieder zu ihm. Ihre Geduld ist ihm unerklärlich. Auch die Aussprachen mit der Frau ändern nicht viel. "Ich habe mit meiner Frau darüber gesprochen, los bin ich sie aber trotzdem noch nicht. Ich habe mich gefragt, ob ich mein Schuldbewußtsein jemals wieder loswerden werde."

Fallbeispiel

Zum Abschluß soll die Thematik anhand eines Fallbeispiels abgerundet werden.

Die 22-jährige Bulimie-Patientin ist seit eineinhalb Jahren wegen Polytoxikomanie in Therapie. Ihre Persönlichkeit ist von mannigfaltigen Ängsten gekennzeichnet, die sich im geringen Selbstwertgefühl ausdrücken. Vorrangig ist die Angst, sich darzustellen, vor mehreren Leuten zu reden, sich einer Öffentlichkeit zu präsentieren, ist ihr unmöglich. Ihre aggressiven Impulse kann sie nicht ausleben, als Reaktion auf die Angst zieht sie sich oft in Trotz zurück. Die negative Besetzung der eigenen Körperlichkeit und Sexualität geht so weit, daß sie sich in keinem Freibad zeigen kann. Generell ist sie durch ihre Ängste in verschiedenen Lebensbereichen eingeschränkt, wohltuende Entspannung kann sie schwer erleben.

Die Patientin wuchs bei ihren Eltern auf, die Familie siedelte von Linz nach Wiener Neustadt und später in die Südstadt. Sie war zu diesem Zeitpunkt 5 Jahre alt, von da an kann sie sich an das beständige Auftreten schwerer Angstzustände erinnern. Die Angst vor dem Tod war ständig präsent und fand ihren bildlichen Ausdruck in Form des Totenschädels eines Kindes, den der Vater von einem Freund geschenkt bekommen hatte und öfters herzuzeigen pflegte. Davor und in der Folge vor Gebeinen, die in ihrer Vorstellung präsent waren, fürchtete sie sich, wobei das Gefühl, daß in den Toten doch Leben steckte und sie Vitalkräfte besäßen, die Angst nährte. "Die Dunkelheit war schwer zu ertragen und mit dem Gefühl, daß sich ein Toter im Zimmer aufhalten könne, verbunden. Am unangenehmsten war die Vorstellung, die Toten könnten mich berühren." Nach dem Tod der Großmutter (12. Lebensjahr) wurde diese in der Nacht als diffuse Materie anwesend erlebt. Deswegen mußte im Zimmer immer das Licht brennen. "Die Eltern verlangten, daß es abgedreht wurde, da ich nie schlief. Ich getraute mich nicht, mich meinen Eltern anzuvertrauen, ich fürchtete, sie dachten, ich sei verrückt. Meine Mutter ist eine besonders realistische Person. Schlafen wollte ich sowieso nie, da ich Angst hatte, nicht mehr aufzuwachen und zu sterben. Mit verschiedenen Mitteln, wie zum Beispiel Weinen oder Beten, versuchte ich mich abzulenken und müde zu machen, bis ich erschöpft einschlief. Später traten Gefühle von Unwirklichkeit auf, die mit Panik einhergingen. "Ich hatte das Gefühl, daß das Bett weich wird, sich die Wände zusammenbiegen und der Boden seine Substanz verliert. Ich bekam Atemnot und glaubte in einem Art Loch verschluckt zu werden und mich aufzulösen."

"Real hatte ich Angst vor meinen Eltern, manchmal wünschte ich, sie würden sterben, um freier sein zu können, andererseits beängstigte mich auch die Vorstellung. daß sie wirklich sterben könnten. Mit mir gingen sie oft sehr spöttisch um, von klein an fürchtete ich, daß sich jemand über mich lustig macht, was meine Mutter und meine Großmutter regelmäßig taten. Dabei trafen sie immer meine wunden Punkte. In der Folge hielt ich es nicht aus, angesehen und beobachtet zu werden, am meisten ängstigten mich Familienfeste, wo mehrere Leute anwesend waren. Ich verhielt mich dabei möglichst unauffällig, trotzdem bekam ich Herzklopfen. Diese Angst dehnte sich generell auf alle Menschen aus. Besonders ängstigte ich mich vor meinem Vater, dessen Blick ich nicht ertragen konnte. Später fürchtete ich seine besonders kränkenden Beschimpfungen zu Themen, die meine Sexualität betrafen. Oft hatte ich Angst heimzukommen. Meine sexuellen Handlungen waren immer mit Schuldgefühlen behaftet. Dies war besonders unangenehm, da ich schon immer Angst vor dem "lieben Gott" hatte. Ich dachte, daß er alles sieht, so mußte ich mich auch für meine sexuellen Handlungen entschuldigen und beten. Von der Angst geleitet, daß er eben alles sieht, konnte ich nie entspannt sein, für alle kleinen Schlechtigkeiten mußte ich mich schämen und Buße beten. Ich meinte, möglicherweise nicht in den "Himmel" zu kommen, und fürchtete mich, in der Hölle im Nichts zu sein.

Schuldgefühle hatte ich wegen fast allem, was ich tat. Besonders schlechtes Gewissen hatte ich, wenn ich die materiellen Geschenke meiner Eltern nicht wollte oder sie mir nicht gefielen. Alles, was ich von meinen Eltern bekam, wurde als sehr wertvoll hingestellt, ich sollte und mußte das alles schätzen, so mußte ich ihnen Theater vorspielen. Aus diesen Schuldgefühlen heraus glaube ich auch, nichts wert zu sein.

Wenn mir meine Angst und Schuldgefühle unerträglich waren, flüchtete ich mich immer in mein Zimmer, und wenn es ging, sperrte ich mich ein, dann saß ich oft stundenlang am Boden, starrte vor mich hin oder weinte."

Das Thema Angst und Schuld ist aber in einem noch breiteren Zusammenhang zu sehen. Es tritt aus der Familie hinaus und überzieht die gesamte Gesellschaft. Zuerst wirft es seine Schatten über den Therapeuten, der Angst hat, eine Therapie abzubrechen, obwohl ständige Rückfälligkeit und Bedrohung der therapeutischen Gemeinschaft durch diese Rückfälle besteht, weil er sich nicht mitschuldig fühlen möchte an der Erfolglosigkeit seines Patienten oder gar eines frühzeitigen Todes durch Selbstmord oder Überdosierung nach einer Entlassung.

Angst und Schuld überzieht dann die gesamte Gesellschaft, die sich selbst vor fremdartigen Süchten fürchtet und eigene Suchtanteile rigoros abwehrt, indem sie gewisse Süchte unter Strafe stellt und somit an der Jugend unschuldig schuldig wird.

Somit erleben wir einen Reigen von Angst und Schuld, jeder versucht seine eigenen Anteile an den nächsten weiterzugeben, getreu nach dem Satz des Dichters Anton Wildgans im Kirbisch: "Das Laster des Nächsten erhöht die eigene Tugend."

Literatur

Coleman Sandra: Unzureichende Trauer, Todesthematik, Religiosität

Van Dijk W.K.: Biologische, psychologische und soziogene Faktoren der Drogenabhängigkeit

beide in Lettieri Dan, Welz Rainer (Hrsg.): Drogenabhängigkeit - Ursachen und Verlaufsformen: 1983

Wolf Ferdinand: Psychosoziale Ursachen und Auswirkungen des Konsums illegaler Drogen. Dissertation; 1983

Welz Rainer: Drogen, Alkohol und Suizid; 1983

Jacoby Mario: Scham - Angst und Selbstwertgefühl, Walter 1991

Autor

Dr. Günter Pernhaupt, Elisenstr. 19, A-1235 Wien

Erscheinungsformen von Angst und Schuld in der integrierten Psychosomatik*

Anton Fric

Das Seminar neigt sich allmählich seinem Ende zu, wir haben schon einiges an theoretischen Konzepten gehört und das innere Bild zum Tagungsthema beginnt sich zu runden.

Neben Psychologie und Tiefenpsychologie klangen auch andere Lebens- und Wissenschaftsbereiche an, so die Kunstform des Verses - wenn sie den Rhythmus der Rede von Herrn Hellinger erinnern - auch eine Möglichkeit Angst zu bannen -.

Wir fanden soziologische und theologische Aspekte im Referat von Herrn Sbandi, Mediation um altes Wissensgut anhand des Tarot bei Herrn Sedlak - immer wieder Philosophie und zuletzt auch das Stoßen an Grenzen unserer derzeitigen Möglichkeiten in der Auseinandersetzung mit dem naturwissenschaftlich-technischen Fortschritt bei Frau Eibach. Ich will meines zum Tagungsthema beitragen, wenn ich über die Praxis spreche, dies aus der Position des Internisten in einem Allgemeinen öffentlichen Krankenhaus, der versucht integrierte Psychosomatik zu betreiben.

Ich werde dabei nicht, wie es eine logische Konsequenz der Themenabfolge sein könnte, psychosomatische Krankheitsbilder auflisten und die Symptombildung im Rahmen psychosexueller und/oder narzißtischer Entwicklungskonzepte zu orten suchen. Ängste und Schuldgefühle psychosomatischer Patienten sollen zwar angesprochen, jedoch nicht weiter ausgeführt werden, um sozialen Aspekten integrierter Psychosomatik Raum zu lassen.

Ich will dies wie folgt begründen:

Erstens sind Angst- und Schuldempfinden meist vielschichtig. Sie kommen auf bewußter oder bewußtseinsnaher Ebene oft rasch zur Sprache und erfordern hier erstmal keine spezielle Technik oder Theorie. Psychotherapeutische Grundhaltung genügt, um dem Pat. hilfreich zu sein. Tiefere Schichten erschließen sich erst während längerer Therapie und sind dann entsprechend dem vom Patienten angebotenen Entwicklungsniveau zu bearbeiten, welcher psychotherapeutischen Schule man auch angehören mag. Grob vereinheitlichende Zuordnung bei geraffter Darstellung wird der Individualität des Patienten nicht gerecht und könnte die therapeutische Arbeit nur scheinbar erleichtern.

Zweitens ist mir erst während der letzten Wochen - als mir das Thema schon bekannt war - deutlicher bewußt geworden, in welch hohem Maße die Arbeit von Ärzten und Schwestern, aber auch Sozialarbeitern und Psychotherapeuten von bewußter, meist aber abgewehrter Angst mitgestaltet ist, und wie sehr sich dies als Sand im Getriebe auswirkt.

So erscheint es mir vordringlich Alltagsphaenomenen der statthabenden medizinischen Versorgung nachzugehen und sie auf das Tagungsthema hin zu prüfen. Ich will dies anhand von Fragen tun und, diese wie folgt ordnen:

* Das Manuskript entspricht dem Wortlaut des Vortrages

1. Wo, wann und wobei begegnen wir Phaenomenen von Angst und Schuld im täglichen Tun im Krankenhaus, aber auch in der Praxis?
2. Begegnen wir - anders verstanden - Angst und Schuld in mitmenschlicher Weise ?
3. Und sollte sich erweisen, daß wir so begegnen, daß wir dem Du oder uns selbst etwas schuldig bleiben, wo ist die Ursache dafür zu suchen ?
4. Erweitert integrierte Psychosomatik entgegen herkömmlicher Medizin. Versorgung die Chance Angst und Schuldgefühle zu vermindern, oder ist sie gegenteilig wirksam ?

Dann werde ich Probleme des Helfers darstellen, denen er sich gegenübersieht, wenn er sich für Psychosomatik interessiert und mit der Empfehlung schließen, er möge sich wie Münchhausen selbst am Schopf aus dem Sumpfe ziehen.

Zur Beantwortung der ersten beiden Fragen

Während des Sommers kam eine interessante Postkarte an. Ein Kollege schrieb von seinem Urlaub in Amerika. Sie sehen einen im Sande liegenden getöteten Cowboy, aus dessen Rücken zwei Geier fressen und auf der Rückseite der Postkarte folgenden Text:

End of the trail

Was this a gunman who was not as fast as the law ?
Or a prospector who was dry-gulched by his partner;
or a gun slinger ? Or was he an Indian scout who was
killed from ambush like the wagon trail he led ?

Und von dem Kollegen handschriftlich hinzugefügt:
Or a Medical who was killed by his patients ?

Der Witz, ein nicht immer so sympathisches Mittel Angst und Spannung zu vermindern, wie alle, die Gespräche in Ärzterunden kennen, wissen.

Ein anderes Beispiel: "So viele Verstorbene letzte Nacht ?" - "nun gut wir brauchen Betten" - schwarzer Humor, aber auch eine Möglichkeit sich stabil zu halten, wenn die Arbeit immer wieder mal über die Kräfte geht.

Konfrontation mit dem Tagungsthema

Als vor dem Sommer das Thema meines Vortrages formuliert war, hat es mich interessiert, wie Kollegen und Mitarbeiter im Krankenhaus spontan darauf reagieren. Ein Kollege: "Um Gottes willen!" - Oder ein akademisch graduierter Kliniker: "Da werden Sie wohl einiges an Literatur studiert haben müssen".

Bei den Schwestern meinte ich Schadenfreude zu bemerken.

- Verständlich, sind doch die Schwestern ungleich näher am Patienten, Beziehung entwickelt sich durch die tägliche Sorge um Nahrung, Notdurft und Körperpflege oft rascher und tiefer als zu Ärzten. Gleichzeitig haben Schwestern weit weniger Möglichkeiten sich von den Patienten zu distanzieren, als Ärzte oder auch Psychotherapeuten - wenn Sie etwa an das Visitenritual, an Gepflogenheiten in ärztlichen Praxen oder auch daran denken, wie sehr Psychotherapeuten daran festhalten, daß die Stunde eben nur 50 Minuten hat.

So ist das Pflegepersonal Ängsten um die und vor den Patienten weit stärker ausgesetzt. Auch stellt es beim Verantwortungtragen die erste Linie und wird als erstes ins Verhör genommen, wenn einmal etwas schiefgeht.

Die größte Angst

Anläßlich eines Vortrages zum Thema: "Begegnung des Helfers mit der Angst" im vergangenen Frühjahr habe ich einen befreundeten Kollegen, einen praktischen Arzt,und auch die Schwestern der von mir geleiteten Station gefragt, wovor sie denn die größte Angst bei ihrer beruflichen Tätigkeit verspürten. Der Arzt: "Gegen die Regeln der Kunst zu verstoßen und mit Angehörigen beim Tode eines meiner Patienten sprechen zu müssen". Die Schwestern: "Keine gute Schwester zu sein und zum Außenseiter im Team zu werden".

Neben der gut nachvollziehbaren Realangst und der darin begründeten Vorsicht zeigen sich aber oft Handlungskonsequenzen, die dem Patienten und dem Helfer selbst mehr schaden als nützen, und deren Ursachen nur in der Helferpersönlichkeit selbst liegen können.

Wie oft sind im Falle des Arztes besonders aufwendige und wiederholte Diagnostik, oder Arbeiten bis zur Erschöpfung zu finden. Auf kritisches Hinterfragen wird dieses Tun aber als selbstverständlicher Tribut an den Fortschritt, als Angst vor Prozessen und Bestrafung, oder auch als lediglich normale Erfüllung des Kassenvertrages rationalisiert. Im Falle der Schwestern sind Verwöhnung mit notwendig nachfolgender Frustrierung der Patienten, wenn es einfach nicht mehr zu schaffen ist, oder ein Patient schlichtweg auf die Nerven geht, ein alltägliches Geschehen. Es kommt zur Vernachlässigung der Patienten. Im schlimmeren Fall zur Dressur und Strafritualen, die der Gruppendruck fordert. Selbst wenn die oder der Einzelne weit menschlichere Vorstellungen von Krankenpflege verwirklichen will. Beides - Verwöhnung und Frustration sind,wie wir wissen,besonders prekär für psychosomatische Patienten. die ja in ihren Herkunftsfamilien fast immer entsprechend ungünstige Beziehungserfahrungen gemacht haben.

Patienteninformation

Es hieße hier allzu Bekanntes nochmal anführen. ich wollte darauf hinweisen, daß es mit der Information der Patienten über die Krankheit selbst, Diagnose und Behandlungsstrategien, sowie die Prognose meist schlecht steht, doch sollten wir uns selbst immer wieder daran erinnern, daß informieren die einfachste Maßnahme darstellt, Angst zu vermindern, wenn auch allzu gründliches Wissen Angst verstärkt.

Fordern Patienten oder Angehörige mehr Information oder üben sie Kritik an der medizinischen Versorgung oder am Arzt selbst, so reagiert der Angesprochene oft gekränkt und beleidigt und versucht sich oft ungefragt und übertrieben zu rechtfertigen. Er verweist auf Arbeitsüberlastung oder verschiebt die Verantwortung auf Daten und "große Väter". Dies kann groteske Formen annehmen: "Das können Sie überall nachlesen" der Patient ist Landwirt und 75 Jahre alt. "Auch auf der Klinik machen sie nichts anderes als wir". Der Nebenstehende vermutet, daß Patient und Arzt - beide voll Angst ernstgenommen und gemocht werden wollen, daß ein konstruktives Gespräch aber einfach nicht gelingt.

Zuweisung

Ein Kollege - selbst psychotherapeutisch ausgebildet - schickt am letzten Ordinationstag vor seinem Urlaub 4 Patienten zur Aufnahme ins Krankenhaus. Bei jedem dieser Patienten ruft er an und argumentiert. wie wichtig ja unumgänglich die Aufnahme in diesem Falle sei. Dies ist ungewöhnlich, da dieser Kollege im langjährigen Durchschnitt höchstens 1 Patienten pro Woche einweist. Die Patienten treffen ein, zwei von ihnen meinen, daß sie einen Krankenhausaufenthalt gar nicht angestrebt haben, und sie sich auch nicht besonders beeinträchtigt fühlen. Erste Untersuchungen lassen ebenfalls eine stationäre Untersuchung oder Behandlung nicht erforderlich erscheinen. Ein Patient sieht durchaus eine Untersuchung für notwendig an, will diese aber lieber ambulant durchführen lassen. Lediglich ein Patient bedarf der stationären Behandlung.

Ein weiteres Beispiel: Während meines letzten Dienstes werde ich zu einer Konsiliarbefundung an unsere Chirurgische Abteilung gebeten. Ich soll eine 85 jährige Patientin nach Schenkelhalsoperation und einem danach aufgetretenen frischen Myocardinfarkt nochmals untersuchen. Ich finde eine sterbende Patientin vor, von ihren Angehörigen umgeben, die die letzten Stunden bei ihr verbringen wollen. Ich frage die Schwester, wie lange es der Pat. schon so schlecht gehe und sie berichtet, daß man schon seit Tagen mit dem Tode rechne.

Ich brauche Hilfe für mich selbst

Eine Kollegin, die Jahre vorher selbst in unserem Krankenhaus gearbeitet hat, ruft mich an und legt mir eine ihrer Patientinnen ans Herz, ich möge sie doch aufnehmen, die Pat. sei es wirklich wert, daß man etwas für sie tue, ich möge sie genau durchuntersuchen und auch psychologisch ansehen. Ich spüre in dem Gespräch großes Anliegen und denke flüchtig, dies könnte auch mit der Kollegin selbst zusammenhängen, sage jedoch nichts. Einige Tage später kommt die Kollegin zu mir auf die Station, weint und erzählt. daß es ihr persönlich momentan recht schlecht gehe. Sie kann, auf das Telefongespräch hin angesprochen sagen, daß es ihr erst jetzt, da sie wirklich nicht mehr weiter könne, möglich sei nicht stellvertretend eine Patientin zu schicken, sondern selbst zu kommen.

Psychosomatische Patienten

Eine Herzneurose, eine emotionale Diarrhoe, ein Reizmagen, ein vegetatives Syndrom sind bald als Angstkrankheiten zu erkennen, die Indikation zu Psychotherapie leicht zu stellen und Motivation zu erreichen.

Bei Psychosomatosen jedoch, besonders bei überkompensierend abwehrenden Charakteren ist ohne theoretisches Konstrukt der Gedanke, daß Angst- oder auch Schuldgefühl konstitutiv für die Auslösung der Erkrankung sein können, erstmal nicht naheliegend, sind die Kranken doch lebenstüchtig, erfolgreich, unerschrocken und oft verblüffend normal erscheinend. Unter Psychotherapie aber, zumal wenn sie so lange durchgehalten wird, daß die Abwehrstruktur durchlässig und in Frage gestellt wird, werden für den Patienten erst über Angst und Schuld - häufig erstmalig bewußt empfunden - Lebensalternativen sichtbar.

Krebs und Tod

Die uns allen bekannte Realität in den Krankenhäusern braucht hier nicht nochmals angeführt werden. Wie es um Information und Betreuung von Krebspatienten steht, um Sterbebegleitung, wissen wir. Aber ich kann die Angst und das Grauen einfühlen, das hier Menschlichkeit behindert. Ich selbst schaffe es auch nicht immer, hier das zu tun, was nottut, verharmlose oder gehe bei der Visite am Bett vorbei.

Nun zum Versuch die **Frage 3** zu beantworten, worin denn die Ursache für diese anscheinend grundsätzlich hohe Bereitschaft liegt, auf Infragestellung und auch nur antizipierte Schuldzuweisung mit Ängsten und Schuldgefühlen und mit massiver Abwehr zu reagieren. Erstmal fördert die gängige **Sozialisierung** die Orientierung an einem überkommenen Arztbild, das dem Arzt auch vom Patienten immer neu nahegelegt wird. Kommt dieser doch - zumal als psychosomatisch Kranker - im Zustand der Regression zu ihm mit übergroßen Wünschen als dem Starken und Kundigen, mag er dies in einem Verhalten zeigen oder durch die Symptomatik signalisieren. Der Arzt wird meinen die Rollenerwartung erfüllen zu müssen.

Dann ist die **Ausbildung ein ständiges Training gegen das Wahrnehmen von Angst.** - Es beginnt im Seziersaal, geht über die klinische Unterweisung bis hin zur Versorgung von Unfallopfern und Herzinfarkt-Pat. mit Kammerflimmern - gleichsam unter dem Motto: "Arbeitest du naturwissenschaftlich fehlerlos, ist alles in Ordnung". Oder "Ein weinender Arzt taugt nicht". Spaltung. oft tatsächlich erforderlich ,wird erzwungen. zur Integration von Gefühlen fehlen Zeit, Vorbild und Anleitung. Dafür aber entlastet das Kollektiv von Schuldgefühlen. stabilisieren Feindbilder, Idealisierungen, Arbeitswut und Abstumpfung durch Überlastung. oft schon während der Spitalszeit im Turnus.

Ein Beispiel: Ein allseits wegen seines Arbeitseinsatzes geschätzter Kollege wurde nur wenige Wochen nach seiner Pensionierung psychotisch und starb kurze Zeit später in einem Pflegeheim.

Ein weiterer Faktor ist wohl sehr häufig die -**eigene narzißtische Problematik des Arztes**, aber auch Angehöriger anderer Gesundheitsberufe, wie sie Schmidtbauer in seinem Buch."Die hilflosen Helfer" postuliert hat. Das Konzept läßt sich - wie ich meine stimmig auf die beobachtete Empfindlichkeit im Bezug auf Angst und Schuldgefühle, sowie deren Abwehr erweitern. Schmidtbauer schreibt, daß jeder kleine Fehler einen aus früherer Zeit stammenden Speicher schlechter Gefühle anzapft, der dann die ganze Person überschwemmt und das Selbst vollständig in Frage stellt.

Zur Frage 4: Erweitert integrierte Psychosomatik die Chance Ängste und Schuldgefühle zu vermindern. oder ist sie gegenteilig wirksam? Freilich mindern Wichtignehmen der Arzt-Patienten-Beziehung und das Gespräch, schon der doch höhere Zeitaufwand und der Einsatz von Entspannungsmethoden Angst und Selbstverurteilung kann aufgefangen werden. Die Ausrichtung auf Mitverantwortung am Heilungsprozeß macht aber auch Angst. So höre ich oft, wenn ich mit einem Patienten diagnostische Maßnahmen und Therapiemöglichkeiten bespreche: "Sie sind der Arzt. Sie müssen es wissen, sagen Sie was ich machen soll!" - selbst wenn ich meine Sicht der Dinge klargestellt habe.

Aufdeckende Verfahren sind allemal ohne Zeiten der Verunsicherung nicht möglich oder ohne diese von fraglichem Erfolg.

Das soll der Patient aber vor der Behandlung auch hören und besprechen können.

Psychosomatik kann schon Angst machen. wenn das diagnostische Gespräch den Charakter eines Verhöres gewinnt und das Nahelegen von Psychogenese als Entlarvung und Schuldzuweisung erlebt wird. wenn ein Einbekennen gefordert und ein Festhalten an organischer

Verursachung der Erkrankung abgewertet und durch Zuwendungsentzug bestraft wird. - Und dies ist gar nicht weit hergeholt!

Wie sehr Psychosomatik ängstigt, ist auch aus der Reaktion von organisch orientierten Kollegen zu erkennen, wenn sie annehmen, durchschaut zu werden oder von "ausfratscheln" oder einer "Medizin des Händchenhaltens" reden. Auch die Infragestellung der hierarchischen Strukturen. wie sie integrierte Psychosomatik fordert, macht Angst auf allen Ebenen wie jede Veränderung.

Und nun zu **spezifischen Problemen des Psychosomatikers** selbst. Spätestens während seiner psychotherapeutischen Ausbildung wird er seine Grandiosität als Überarzt in Frage stellen und sein berufliches Interesse als ein sehr persönliches und als Kompensationsversuch begreifen. Er wird über Zeiten unter Rollenkonfusion leiden. sich in beiden Bereichen, der Organmedizin und der Psychotherapie als unzureichend erleben, bis er beide Identitäten integrieren kann. Im Arbeitsfeld sind Scheu, Ablehnung und Etikettierung als Psychofreak zu riskieren.

Bei der psychotherapeutischen Arbeit können Solidaritätsprobleme im Bezug auf die erlernte schulspezifische Technik entstehen, da der Psychosomatiker durch Zeitdruck und Vielfalt der Patienten eklektisch wird arbeiten müssen - oft entgegen seinen eigenen Vorstellungen von tiefgreifend verändernden und persönlichkeitsausformenden Prozeduren. Er wird sich vielleicht fragen, inwieweit verschiedene Therapieformen überhaupt menschlich sind, wenn auch vielleicht sehr effektiv, inwieweit er manipuliert, bewußt oder uneingestanden. Vielleicht wird er sich auch die Frage stellen, ob es sinnvoll und zu verantworten ist, wenn er Menschen wieder arbeitsfähig, Psychen wieder tragfähig macht, die an unmenschlichen sozialen Strukturen gescheitert sind. Wieweit er selbst über den jeweiligen Patienten hinaus bewußt und kritikfähig ist und macht, und inwieweit er so sein will oder muß, wie er ist - sich also die Frage nach seiner Verantwortlichkeit stellt.

Integrierte Psychosomatik ist somit eine in mehrfacher Hinsicht integrative Aufgabe. deren Verwirklichung nicht zuletzt Angst und uneingestandenes Schuldempfinden verlangsamen.

Ohne ein Minimum an Kooperation wird sich der Psychosomatiker in der Position des Freiherrn von Münchhausen finden, indem er etwas erwirken will, dessen Voraussetzungen aber auch nur er erwirken kann also sich selbst am Schopfe aus dem Sumpf ziehen - und schließlich ist es Münchhausen ja auch gelungen.

Literatur beim Verfasser

Autor

Dr. Anton Fric, Interne Abteilung d. KH Baden, Wimmergasse 19., A-2500 Baden

Angst und Schuld als Kriterien persönlicher Reifung

Franz Sedlak

Vorbemerkungen

Zunächst ein paar existenzphilosophische Anmerkungen: Der Mensch wird sich des Faktums seiner Existenz in Grenzsituationen bewußt. Es ist kein Zufall, daß die Existenzphilosophie jeweils nach den zwei Weltkriegen zum Aufschwung kam, und es ist sicher kein Zufall, daß das Thema "Angst und Schuld" ein Thema **in diesem** Jahr größter politischer, gesellschaftlicher, ökologischer Krisen, Veränderungen, Bedrohungen ist. In dieser Bedrohung wird dem Menschen erst bewußt, in dieser Urangst, daß er nicht **selbstverständlich** existiert. Der Mensch **ist nicht** Existenz, im Sinne der Existenzphilosophie **hat er** diese Existenz **erst zu sein**. Das Wesen des Menschen ist, **bei** sich **anwesend** zu sein. Diese Selbstgegenwart ist allerdings sehr schwierig, sehr oft erleben wir eher ein Abwesend-sein-von-sich in **Schuldgefühlen** oder in **Angst**. In einem Fall der **Vergangenheit** verhaftet, im anderen Fall der **Zukunft** zugewendet, und in beiden Fällen den jeweiligen **gegenwärtigen Augenblick** mißachtend. Angst ist im existenzphilosophischen Bereich vor allem die **Angst vor der Entscheidung**, denn solange nichts entschieden ist, ist alles möglich. Somit ist Angst auch die Angst vor dem Verlust der **Omnipotenz** und zugleich wird aber mit diesem Allem, das möglich ist, auch das **Nichts** ganz wichtig. Und so ist diese Angst auch die **Angst vor der Möglichkeit des Nichts**. Schuld ergibt sich nicht nur als emotionales Phänomen, sondern als **ontologisches**, als **Folge** der Wahl bzw. Nichtwahl von Alternativen. Wenn ich eine Möglichkeit wähle, so bedeutet das den Ausschluß anderer Möglichkeiten. Selbst wenn ich mich dann mit ganzer Kraft um das eine, das ich gewählt habe, bemühe, so sind doch andere Möglichkeiten von der Entwicklung ausgeschlossen geblieben. So kann man die Hauptgedanken des existenzphilosophischen Standpunktes in bezug auf Angst und Schuld skizzieren als Angst im Sinne von Enge und Bedrängnis. Das heißt, als sich notwendig konfrontiert zu sehen mit Entscheidungen, wie sie besonders in krisenhaften Momenten **unausweichlich werden**, als Angst gegenüber der **Freiheit** des Ich, und Schuld als **Verschulden**, aber nicht im bloßen moralischen, legalistischen Sinn, sondern als **schuldig** bleiben, als notwendige Tragik des Menschen, der zwar omnipotent sein kann in der Phantasie, in seinen Gedanken, aber im Realisieren, Konkretisieren dann notwendigerweise vereinseitigen, auswählen, **selektieren muß und somit schuldig wird**.

In seiner Auffassung von der Persönlichkeit des Menschen, die der Mensch eben **nie hat**, sondern **sie** sozusagen ständig weiterentwickelnd und neu organisierend **zu sein hat**, ist Erikson ein Denker, der das **existenzphilosophische** Anliegen stark berührt. Dies drückt sich auch in der Dialektik der einzelnen Stufen aus, in denen es widersprüchliche Forderungen geben kann, **Konflikte, Entscheidungen, Krisen und Ambivalenzen** usw. Wie der Weg aussieht, den die persönliche Reifung gerade im Hinblick auf Angst und Schuld zu

gehen hat, kann zusammenfassend bezeichnet werden als der **Pfad** von **der unschuldigen Schuld zur verantworteten Schuld und von der bedrängenden und verdrängten Angst zur aufgetragenen und mitgetragenen Angst**. Ich werde daher versuchen, an den dialektischen Paaren Eriksons Urvertrauen, Urmißtrauen, Autonomie, Scham und Zweifel, Initiative, Schuldgefühl, Werksinn, Minderwertigkeitsgefühl, Identität, Identitätsdiffusion, Intimität und Distanzierung, Isolierung, Generativität, Stagnation, Integrität, Verzweiflung und Ekel, Schuld und Angstmomente aufzuzeigen. Und um der hohen Aufgeschlossenheit für Symbole zu entsprechen, wie er gerade bei Psychotherapeut(inn)en vorauszusetzen ist, die mit Katathymen Bilderleben und anderen imaginativen und kreativen Verfahren arbeiten, habe ich versucht, eine Verknüpfung dieser existentiellen und entwicklungsmäßigen Gedanken mit der Bilderwelt des Tarot herzustellen. Das Tarot ist nicht nur ein häufig zu Weissagungen gebrauchtes oder auch mißbrauchtes Instrument, sondern vor allem eine sehr alte und oft außerordentlich anregende Ansammlung von **Symbolgehalten mit archetypischer Kraft**. Vor allem die 22 sogenannten großen Geheimnisse enthalten Themen von umfassender Ausstrahlungskraft. (Der Narr, der Magier, die Hohe Priesterin, die Herrscherin, der Herrscher, der Hohe Priester, die Liebenden, der Wagen, die Gerechtigkeit, der Eremit, das Schicksalrad, die Kraft, der Hängende, der Tod, das Maß, der Teufel, der Turm, der Stern, der Mond, die Sonne, die Auferstehung, die Welt.)
Man kann das Tarot zwar - wie schon gesagt - als Weissagespiel verwenden (z.B. indem man persönliche Fragen stellt und dazu aus dem Kartenpaket Karten zieht und über diese als Antworten auf die gestellten Fragen nachdenkt), noch intensiver ist eine grundsätzliche, meditative Beschäftigung mit diesen Symbolen, in denen wichtige Lebensdimensionen zum Ausdruck kommen.

Die erste Phase hat Erikson Urvertrauen versus Urmißtrauen genannt. Es ist dies im negativen Fall ein Gefühl der Uneinigkeit mit sich selbst und der Welt, eine Mischung aus Angst und Wut, wenn nicht ein Klima der Wärme und Zuwendung besteht, sondern die Nichtbefriedigung überwiegt. In dieser ersten Phase ist der Mund Zentrum der allgemeinen Annäherung an das Leben. Zunächst spricht Erikson vom **passiv inkorporierenden** Modus, das heißt das Saugen, Atmen und Schlucken ist die Annäherung, die erste basale Interaktion, das erste Vertrauen und Grundmodell wechselseitiger Regulation und der Aufbau des Gefühls der Existenz zuverlässiger versorgender Mächte. In einem zweiten Abschnitt dieser Phase wird der Modus der Lebenszuwendung **"Aktiv inkorporieren"**, das Kind lernt zu fordern, zu nehmen, wobei auch die Sinnesorgane ein aktives Ergreifen der Objekte lernen, der Blick, der direkte Kontakt, die Augen sind in dieser Phase sehr wichtig, und jede bedrohliche Veränderung z. B. im Gesichtsausdruck der Mutter, im Auftauchen von fremden Gesichtern, denken wir an die Acht-Monate-Angst, aber auch in der Abwesenheit der befriedigenden Mutter kann zu einer Bedrohung des Vertrauens und Identitätsgefühls und zu einer Urangst des Menschen z.B. vor dem bösen Blick, vor dem Gesichtsverlust werden, letztlich zur Angst vor dem Verlust der Liebe des Objektes. Durch diese Versagungen lernt das Kind aber auch Gefühle wie positiv und negativ zu unterscheiden. Das Zupacken kann durchaus auch ein der Mutter Schmerz bereitendes Beißen werden, diese Bereitschaft, Schmerz zuzufügen, aus Wut über Entsagung, kann der Anfang von **Schlechtigkeitsgefühlen** und vom Aufbau einer **negativen**, daher abzuspaltenden Identität darstellen. Der Mensch kann **Schuldgefühle** wegen seines beißenden Zugriffs zur Welt entwickeln, die **Angst** vor dem **Verlust der mütterlichen Liebe** kann hemmen, insbesondere die Angst vor einer strafenden und vernichtenden Mutter.

Erikson sieht in der Religion eine Institutionalisierung, die das Urvertrauen wiederherstellen soll. Trost und Stütze in einem bedrohlichen Dasein und die Herstellung einer Geborgenheit bewirken soll. Ich habe dieser Phase drei Bilder des Tarot zugeordnet, wobei ich betonen möchte, daß die Zuordnung durchaus subjektiv ist und auch andere Zuordnungen möglich sind, daß ich sie aber sehr wohl lange hin und her überlegt habe und sie mir daher auch durchaus passend erscheinen. Das erste Bild zeigt den Narren, jenen naiven, gutgläubig heranschreitenden "Hans-guck-in-die-Luft", der seinen Blick irgendwo hin gerichtet hat, und dabei nicht darauf achtet, daß sein Fuß fast schon ins Leere stößt, weil sich vor ihm ein Abgrund auftut. Für den Lebensanfänger in der intentionalen Phase gibt es noch nicht die Zweiheit, den Abgrund, die Gespaltenheit. Er schreitet munter drauflos. Der Hund im Bild wird gerne gedeutet als die instinkthafte Warnung vor der drohenden Gefahr. Wir können hier in dieser intentionalen Teilphase der ersten Entwicklungsstufe auch ein Sinnbild des vorher geäußerten wichtigen oralen Erlebnisraumes sehen. Der Narr ist **noch nichts schuldig geblieben** und **kennt noch keine Schuld**, er ist unschuldig, aber er kann eine **abgründige** Angst erleben, eine Urangst, wie sie in ihrer existentiellen **Tiefe** kaum mehr später nacherlebt werden kann. Das nächste Bild zeigt die Hohe Priesterin, eine höchst intuitiv und mediale Person. Hier ist das Drama des Kindes zu sehen. **Jedes** Kindes, denn jedes ist mit Sensibilität und Rezeptivität begabt. In dieser Rezeptivität besteht die Gefahr, daß eine Angst übermächtig wird, nämlich die **Angst vor dem Verlust der Liebe** und der Zuwendung. Aus dem Gefühl heraus, dem wichtigen anderen **das zu schulden**, was er verlangt. Das Drama besteht im **Schuldigwerden an sich selbst**. Im schuldigen Verfehlen seiner selbst. Das dritte Bild zeigt uns den Magier, einen jungen Mann, der mit allem begabt ist, was es im menschlichen Leben gibt. Der Stab steht für die freudige Energie und Potenz, das Schwert für die geistige Energie und Unterscheidungskraft. Der Kelch für die Emotionen, und die Münze für die erdnahe praktische Handlungsfähigkeit. Dieser Magier spielt damit. Er zeigt uns die Phase des aktiv inkorporierenden Modus, er probiert aus, er nimmt, kann aber noch damit spielen, heißt eben auch der Gaukler, eine andere Bezeichnung dieser Karte. Das Problem des Magiers und Gauklers ist die Vielzahl der Möglichkeiten, und die Gefahr ist **die einseitige Selektion**. Er kann dadurch in eine Angst, d.h. in eine Enge gelangen und zu einem **"Bruchstück-Menschen"** werden, bei dem Emotionalität und Rationalität, Handlungsfähigkeit und Dynamik, insbesondere auch Dynamik der Kontaktnahme und Sexualität sich unterschiedlich intensiv und weit entwickeln.

Nun gelangen wir zur zweiten Phase oder zum zweiten Stadium der psychosozialen Entwicklung nach Erikson, in dem es um den Kontrast zwischen Autonomie einerseits und Scham und Zweifel andererseits geht. Wobei der Mensch nun den **Modus des Greifens und Festhaltens** bzw. **Werfens und Wegstoßens** erwirbt. Der **Elimination und der Retention**. Er entwickelt mehr Mobilität, er kann aufrecht stehen. Mit diesen Fähigkeiten und mit diesem ersten unabhängigen Wollen geraten auch die Gegensätze von **Gut und Böse, Richtig und Falsch, Lob und Tadel** in die Welt des Kindes und auch das erste Gefühl von **Ohnmacht und Scham**. Scham zeigt sich als eine Kränkung im zwischenmenschlichen Kontakt, eine narzißtische Kränkung im Ertapptwerden und im demütigenden Exponiertsein. Neben dieser Angst vor **dem drohenden Verlust des sozialen Status** zeigen sich auch in dieser analen Organisationsstufe die Ursprünge des Zweifels. Alles hat ein Vorn und ein Hinten, und im kindlichen Zweifel zeigt sich die Not des Menschen, der alles, was er produziert und hinter sich läßt, perfektionieren, überprüfen, ihm einen zweiten Blick gewähren muß. Erikson sieht eine Institutionalisierung dieser zweiten Phase des Lebenszyklus im Moralkodex und Rechtssystem einer Gesellschaft. Ich habe dieser Phase der Auseinandersetzung mit der Autorität die drei nächstfolgenden Tarotbilder zugeordnet. Es ist das zunächst die Herrscherin, das Bild zeigt uns eine mütterliche, kreative, verströmende, lebensvolle Frau, die aber mit ihrem Füllhorn Hexe genauso sein kann wie Urmutter und Göttin. Das nächste Bild bringt uns den Herrscher vor Augen, der im Gegensatz zur emotionalen Urkraft der Frau die rationale, ordnende Perspektive hereinbringt, seine Beine hat er zu einer Vier gekreuzt als Sinnbild des Einteilens und Klassifizierens. Wir kennen ja auch vier Jahreszeiten, vier Temperamente, vier Himmelsrichtungen, die vier Grundformen der Angst bzw. der Neurosen usw. Und schließlich gibt es noch den Hohepriester als Sinnbild jener spirituellen oder auch sonstigen Autorität, von der wir entscheidende Impulse empfangen können. Selbstverständlich ist dieser Meister, dieser Hohepriester erst relevant in späteren Lebensabschnitten und noch nicht für das Kind im zweiten Lebensjahr. Aber die Stufen im Entwicklungsmodell von Erikson sind ja keine einmaligen, sondern man könnte sie eher vergleichen mit beginnenden Entwicklungen, die sich immer wieder auch in späteren Lebensphasen weiter ergeben, die alten Fragen werden immer wieder neu gestellt. Deshalb ist auch die Auseinandersetzung mit der inneren und äußeren Autorität eine immer wieder vorgelegte. In dieser Phase der Autonomie versus Scham und Zweifel setzt sich der Lebensanfänger bzw. das Kind mit den Autoritätsfiguren seiner nächsten Umgebung auseinander, mit den Eltern. Die beiden Elterntypen zeigen zwei wesentliche Momente; wo es zu Scham und Zweifel kommt, wird das Kind eigenen **Produktionen** gegenüber gehemmt sein, um schöpferisch und kreativ zu sein, um nicht zu mißfallen. Das ist das Bild, das uns die Herrscherin zeigt. Der Herrscher zeigt uns den anderen Aspekt, nämlich es beginnen schon hier in dieser Phase die ersten rationalen Aufarbeitungen der Erlebnisse in dem Sinn, daß sich das Kind schon basal seine **Deutung der Geschehnisse** zurechtlegt und einen **Lebensstil und Lebensplan** entwickelt, eine erste Meinung von der Welt: "So geht es zu, so muß man es anstellen, um Erfolg zu haben." Wo ein sehr scharfes und strenges Reglement besteht oder auch ein verwirrendes, kann diese Lebensplanung eine sehr restriktive, diffuse, ängstliche und schuldbeladene sein.

Im dritten und vierten Lebensjahr, also etwa in der phallischen Phase kommt das nächste Entwicklungsstadium, nämlich Initiative versus Schuldgefühl. Das Kind entwickelt sich in dieser Phase sehr stark, erweitert sein Tätigkeitsfeld, Sprachvermögen, seine Phantasie und Vortellungsfähigkeit und zeigt sich im Modus des **Experimentierens und Eindringens**, des sich Identifizierens mit den Tätigkeiten und **Rollen der Erwachsenen**, es zeigt sich vor allem in freudevollem Machen, Nachmachen, und es zeigt sich auch initiativ in seinem **ersten Liebesabenteuer** der ödipalen Zuwendung zum gegengeschlechtlichen Elternteil. Hier wurzeln die ersten **intensiven Schuldgefühle** verbunden mit der **Angst vor dem übermächtigen Rivalen**, der zerstörend bzw. verstümmelnd sein kann. Es kommt schließlich zur Identifikation mit diesem Rivalen, zur Ausbildung des Über-Ich, und hier sehen wir dann auch die Problematik dieser Phase, nämlich dann, wenn ein zu **großes Schuldgefühl** als Gegenpol aller menschlicher Initiative beeinträchtigt. Erikson sieht eine Institutionalisierung dieser Experimentierphase im wirtschaftlichen Bereich, im Unternehmungsgeist, in der Neugier und Initiative einerseits oder auch in übergroßen Schuldgefühlen, die darin gipfeln, sich selbst als nicht lebenswert zu empfinden und am Ende mit Hemmung und Schüchternheit oder mit überkompensierendem Draufgängertum zu reagieren. Ich habe diesem Entwicklungsstadium die zwei nächsten Tarotbilder zugeordnet. Das erste zeigt uns die Liebenden. Es ist dies ein vielfach variiertes Thema, das einen Menschen zwischen Möglichkeiten und Alternativen zeigt. Er ist, was Sartre das Problem des Menschen genannt hat, verurteilt zur Wahl. Der Mensch muß sich entscheiden, er muß seine Wahl treffen. Indem er in dieser Weise initiativ wird, wird er auch in die Enge getrieben. Er muß aus der Fülle etwas herausgreifen, und so sehen wir hier auch Angst im existentiellen Sinn als Bedrängnis, als Enge, und wir sehen auch Schuld als Schuldigwerden an dem, was als Folge der gewählten Alternative eintritt, aber auch Schuldigwerden an dem, was nicht gewählt wurde und somit sich nicht weiterentwickeln kann. Das nächste Bild zeigt den Wagen, der Wagenlenker hat hier die schwierige Aufgabe, die beiden auseinanderstrebenden Pferde, wir würden heute modern sagen, synergistisch (also zu einer energiemäßigen Kooperation) zu führen. Dieses Bild läßt sich verschieden deuten, so kann der Wagenlenker das Ich sein, das eine Integration aller bewußten Kräfte bewirken muß, es kann aber noch höher gesehen das Selbst sein im Sinne von Jung, das die Individuation herbeiführen muß, indem es alles (auch das in der Tiefe Schlummernde), einschließlich dem Ich zu einer Koordination bringen muß. Überwiegt nun das Ego gegenüber einem zu schwachen Selbst (als Personzentrum), dann überwiegt die **realitätsbezogene nüchterne Alltagskleinkrämerei, Phantasielosigkeit.** Der Mensch hat vielleicht sogar **Angst vor seinen Ideen** und wird sozusagen an seiner kreativen **Potenz schuldig.** Überwiegt das **Selbst** gegenüber einem zu schwachen Ich, dann kann es zu einer **inflationären Egoüberschätzung** kommen. In diesem Bild zeigt sich auch eine ganz entscheidende Dramatik im menschlichen Leben, nämlich die Tatsache, daß wir Polaritäten bzw. **Gegensätzen und Ambivalenzen** ausgeliefert sind, daß wir diese Spannungen aushalten können, denn zum Unterschied vom vorangegangenen Bild können wir hier nicht das eine wählen und das andere lassen, ja wir können einen dieser fruchtbaren dialektischen Gegensätze abspalten, aber nur unter einem **intensiven Schuldigwerden an seiner gesamten Entwicklung**. Das nächste Stadium hat Erikson Werksinn bzw. Minderwertigkeitsgefühl genannt. Es ist eine von der Triebentwicklung her ruhigere Phase, eben die Latenz, aber in dieser Phase geht es darum, sich Anerkennung durch Leistung zu verschaffen oder eben durch massive Erfahrungen mit der eigenen Unzulänglichkeit konfrontiert zu werden. Es geht um Zusammenspiel mit anderen, Gruppensolidarität, auch um Leistungsfähigkeit und Kompetenz, Wettkampf mit anderen usw. Erikson sieht diese Entwicklungsphase institutionalisiert in der Arbeitswelt, die einen wesentlichen Träger der sozialen Identität darstellt. Wir sehen dies ja an Arbeitslosen, die ja nicht nur unter ihrer wirtschaftlichen Deprivation leiden, sondern auch unter dem Mangel an Selbstdefinition in einer doch wesentlich durch Arbeit bestimmten Welt. Ich habe dieser Phase das nächste Tarotbild zugeordnet, es zeigt die Gerechtigkeit als eine Figur, die eine Waage in der Hand hält. Es fragt sich jetzt, was notwendig ist, um allem in adäquater Weise gerecht zu werden und richtig zu differenzieren. Mögen sich zwar in dieser Phase die Stürme der Triebentwicklung beruhigen, dennoch ist hier sehr viel "an der Kippe". Es entscheidet sich nicht mehr und nicht weniger, als daß, eine ausgewogene, **balancierte Einstellung zu sich und zu anderen** gefunden werden kann oder ob sich die Waage einseitig neigt in Richtung Selbstüberschätzung oder auch Minderwertigkeitsgefühl und damit **Angst vor dem Vergleich** mit anderen, **Angst, sich produktiv** und leistend mit anderen auseinanderzusetzen, und dem intensiven Gefühl, **weniger wert** zu sein, vielleicht auch mit dem Ressentiment, daß die Welt einem etwas **schuldig** geblieben ist, daß sie **Schuld** hat an **den eigenen Defiziten**, oder noch ärger in einer **Selbstbeschuldigung**, die aber nicht mehr eine ontologische Basis hat. Es ist nicht mehr das Schuldigwerden, dem wir alle ausgesetzt sind, sondern es ist ein **subjektives Maß im Sinne von "Schlechtsein" und "Minderwertigsein"**. Die Institutionalisierung dieser Phase der Leistungsentwicklung ist im Bildungssystem zu sehen.

Die nächste Phase beginnt mit dem Eintritt der Pubertät, das Thema lautet Identität versus Identitätsdiffussion. Freilich ist es nicht nur ein Thema der Pubertät, sondern auch späterer Lebensabschnitte, und diese Identitätsfindung geht auf den verschiedensten Ebenen vor sich. Es ist die Auseinandersetzung mit sich selbst, mit dem Selbstbild, mit den eigenen Werten, in der Auseinandersetzung mit anderen, mit Gleichaltrigen, mit Erwachsenen, in der Auseinandersetzung mit den eigenen Fähigkeiten und beruflichen Entscheidungen usw. **Mangelnde** Rollenangebote bzw. Identifikationsmöglichkeiten oder **unstimmige** und **inkonsequente** Vorbilder oder übermäßig **starre** und autoritär-perfektionistische Leitfiguren können in dieser Phase die Wesen der Identifikation sehr stark einschränken bzw. verhindern oder eben in eine einseitige Richtung bringen. In dieser wichtigen Entwicklungsphase werden auch alle bisher geleisteten oder nicht geleisteten Entwicklungsschritte rekapituliert und neu aufgegriffen, die Fähigkeit zum **Ertragen von Mißerfolgen** baut auf dem **Urvertrauen** auf, der Anschluß an andere auf der **erworbenen Autonomie**, die **Auseinandersetzung mit eigenen Möglichkeiten** beruht auf der erworbenen **Inititativkraft**, und in allem jenen kann hier ebenso auch in der Kooperation und Leistungsfähigkeit ein weiterer Sieg errungen werden, oder es **können Ängste und Schuldgefühle hemmen und einschränken.** Ich habe dieser wichtigen Lebensphase die nächsten sieben Tarotbilder zugeordnet und möchte sie kurz darstellen. Das erste Bild ist der Eremit, und tatsächlich geht es in dieser Phase um die Fähigkeit, sich als einzelner bewußt zu werden. Es ist eine **psychische Geburt** auf höherer Ebene, und es ist sicher auch eine Phase der neuen Verantwortung. Kierkegaard hat von der Pflicht gesprochen, sich als einzelner bewußt zu werden, einer individuellen Freiheit, aber auch Verantwortung. Es ist die Angst vor dieser **Selbstkonfrontation** und vor dieser **Einsamkeit**, in der er nur mit sich selbst zu tun hat, er kann sich selbst aus dem Weg gehen, aber damit zutiefst an sich selbst schuldig werden, und er kann in gesicherte Lückenhaftigkeit der Entscheidungsfindung durch Majorität flüchten. Das nächste Bild zeigt uns das Schicksalsrad und damit eine neue Thematik. Der Mensch muß begreifen lernen, daß er nicht das Zentrum der Welt darstellt, er muß vom **egozentrischen** zum **umfassenderen** Weltbild gelangen, in dem sich nicht alles um ihn selbst dreht, sondern er selbst **durch anderes** bewegt wird. Diese Drehungen können eine **Involution** darstellen (gemeint ist hier diese zunehmende Verinnerlichung, die in der Pubertät wahrnehmbar ist), sie können aber auch eine **Auswicklung, eine Evolution**, darstellen, eine zunehmende Experimentierfreudigkeit. Dieses Bild ist auch ein Sinnbild des in der Existenzphilosophie von Camus beschriebenen absurden Schicksals des Menschen, einem Auf und Ab, dessen Sinn nicht erkennbar ist, ausgeliefert zu sein, aber er kann mit seinem Humanismus gegen dieses Absurde revoltieren, sozusagen das Rad stoppen oder ihm eine andere Richtung geben.

Das nächste Bild zeigt uns das Thema der Kraft, hier die innere Kraft der Triebe, die sich nun auch mächtig melden, und die Thematik der Auseinandersetzung mit diesen Trieben, die bedrohlich sein können, bestialisch. Im Bild sehen wir aber eine junge Frau, die furchtlos einem Löwen ins Maul schaut, ein liebevolles und positives Umgehen dieser inneren Kraft kann möglich werden, wo dieser Abschnitt nicht gemeistert wird, kann es zu einem **Diktat des Es** kommen und einem **Überschwemmtwerden** mit Triebforderungen oder zu einem **Diktat des Über-Ich** und einer **asketischen Einschränkung** und Sinnenfeindlichkeit. Wir sind somit hier in einem Bereich der tiefsten existentiellen Auseinandersetzung mit der anthropologischen Tatsache, daß der Mensch eine zweigeteilte Natur hat, **Tier und Engel**, wie Pascal dies bezeichnet hat. Wo diese Versöhnung nicht gelingt, geht der Mensch eine tiefgreifende **ontologische** Schuld ein. Das nächste Bild nennt sich der Hängende oder

Gehängte, und es ist dies ein Sinnbild der Ohnmacht und des Versagens. Das Bild zeigt einen jungen Mann, der durchaus vergnügt in dieser Haltung bleibt, seine Beine auch wieder gekreuzt hat zu einer Vier und somit zeigt, daß er nicht daran denkt, sich aufzugeben, wenn er auch vielleicht seine Kategorien hier oder dort ändern muß. Das nächste Bild zeigt uns den Tod und somit die höchste Ohnmacht. Es ist dies eine Steigerung des vorangegangenen Themas, es ist jenes ärgerliche Faktum, daß wir dem Tod als entscheidenster **Grenze** ausgeliefert sind, aber es ist gerade der Tod, der auch unserer Existenz die **Dramatik** liefert, weil nicht alles beliebig ist, was wir tun, sondern eine **Geschichte** hat, entscheidende und dann nicht mehr einholbare Zeitpunkte. Der Tod ist das, was am intensivsten verdrängt wird, und wo sich der einzelne in einem **Fitneßkult** davor bewahren möchte, daß er endlich ist, oder sich durch einen Anschluß an einen übermächtigen **Helden** in den **Schutz** eines scheinbar Stärkeren begibt. Das nächste Bild ist betitelt mit Maß oder Mäßigung, und wir sehen hier eine Person, die Wasser von einem Krug in einen anderen Krug leert. Es ist dies ein Sinnbild der Umwandlung der Energie in andere Formen, also einer **Metamorphose.** Wir sind in dauernden Wandlungen begriffen, und gerade in der Pubertät bzw. auch Adoleszenz ist das Thema der **Grenze**, das Thema des Todes und das Thema der **Metamorphose** ein ganz entscheidendes und wichtiges, um das sich herum **Ängste, aber auch Schuldgefühle** ranken können. Das vierte Bild in dieser letzten Serie der Themen ist der Teufel. Es ist die Auseinandersetzung mit dem **irrationalen Bösen**, mit Schuld und Verstrickung, mit **Bindung und Abhängigkeit.** Den Teufel (als Archetyp) sieht Jung als Sinnbild des **kollektiven Schattens**, d.h., des gesellschaftlich Verdrängten, Abgespaltenen, vor dem man begreiflicherweise Angst hat und was man dennoch integrieren muß, um nicht wesenhaft schuldig zu bleiben. Ich habe diese vier letzten Bilder von den insgesamt sieben Bildern dieses Entwicklungsstadiums besonders betont, weil ich sie noch einmal aufgreifen möchte unter dem Gesichtspunkt der charakterlichen bzw. persönlichen Ausformung, die gerade in dieser Phase entscheidend ist. Im Hängenden können wir nämlich den Modus des **depressiven** Menschen sehen, der sich lieber von etwas anderem abhängig macht, als auf eigenen Füßen zu stehen, **aus Angst vor der Selbstwerdung** und damit sich aber selbst im **Wesenhaften schuldig bleibend**, der Tod ist zugleich jene unerbittliche Grenze, vor der sich besonders der **hysterische** Mensch in seiner **Angst vor dem Notwendigen** und Endgültigen scheut und der mit **zahlreichen Verwandlungen** zu entkommen trachtet und dabei aber seinen eigenen **Kern schuldhaft** verfehlt. Das Maß bzw. die Metamorphose ist die ungeheure Angst des Zwanghaften, der seine Form **zwanghaft festhalten** möchte und für den die Verwandlung ein Greuel ist und der gerade in seiner entwicklungsmäßigen **Potenz schuldig** wird; und der Teufel als Verstrickung und Abhängigkeit ist das **Angstbild des schizoiden**, des hingabegestörten Menschen, der eben diese Verbindung und Abhängigkeit zu anderen fürchtet und damit aber in seiner Angst vor Kontakt in **der Kommunikation schuldig** wird, Kommunikation schuldig bleibt und somit aber auch in seiner vom dialogischen Geschehen nicht ablösbaren Selbstentwicklung eingeschränkt bleibt. Es ist eine Schwierigkeit dieses Entwicklungsstadium in unserer Zeit, daß die Initiationsrituale für den Übergang vom Kindsein in das Erwachsensein nicht mehr so eindeutig sind wie vielleicht früher. Es ist eine Verlängerung der Kindheit durch Schule und Bildung und noch nicht sofortigen Eintritt in die Berufswelt möglich, aber ohne gesicherte Formen des Übergangs, wie wir sie bei Stammesriten beobachten können. Ebensolcher Mangel zeichnet sich auch in der Institutionalisierung der nächsten Entwicklungsphase ab, die Erikson mit dem Thema Intimität und Distanzierung versus Isolierung bezeichnet hat. Es geht in dieser Phase um die Fähigkeit einer **Hingabe und Partnerschaft**, eines Übersteigens der eigenen

Ich-Grenzen in einem Wir-Erleben. Diese Phase der Genitalität ist nicht gleichzusetzen mit dem sexuellen Konsum, sondern umfassender ist es die Möglichkeit, mit einem geliebten Partner des anderen Geschlechts wechselseitiges Vertrauen zu teilen und verschiedenste Lebensaufgaben gemeinsam zu bewältigen. Ich habe dieser wichtigen Entwicklungsphase die nächsten drei Tarotbilder zugeordnet. Es ist dies zunächst der Turm, es zeigt sich hier das Motiv z.B. des Turms von Babylon, der hybride Bau wird zerstört. Wo der einzelne den Kontakt meidet und sich selbst überhöht, kommt es **unweigerlich zum Fall**. Der Mensch **wird am Du zum Ich**, und er reift in einem **Wir-Erleben**, und wo er Angst vor diesem sich **Öffnen** hat, **verliert er sich selbst und wird somit schuldig an sich** selbst. Das nächste Bild ist der Stern, es zeigt den Menschen in Verbindung mit dem Kosmos, die Figur, die hier gezeigt ist, gießt Wasser in einen Bach und aus einem anderen Krug Wasser auf die Erde, es zeigt den reifen Menschen, der die Verbindung herstellen kann zwischen verschiedenen Materien und Elementen, der die Erde befruchtet, ein **Sinnbild der Hingabefähigkeit**, der Mensch ist aber auch in **Verbindung mit dem Oberen**, ein tiefes spirituelles Bewußtsein des **Einklangs** zeigt sich hier. Der Mensch kann nur dann zur Intimität gelangen, wenn er **in der Welt zu Hause ist** und sich nicht vor der **Welt flüchtet**, denn sonst wird der Partner als **Schutzwand** zur Welt mißbraucht, als Angstschutz, und diese Verbindung ist eine höchst schuldige im Sinne der seinsmäßigen Öffnung. Das dritte Bild in dieser Phase ist der Mond, der Mond hat ein trügerisches Licht, weil es ja nicht von ihm selbst kommt, wirft in der Nacht Schatten, zeigt Undeutlichkeiten und Verzerrungen und somit ist hier das Sinnbild jener Geheimnisse und Irrationalitäten, denen wir nur allzu gerne ausweichen. Aber Intimität kann der einzelne nur dann erreichen, wenn er mit sich selbst intim wird und somit seinen individuellen **Schatten auch integrieren** lernt, jene Seiten, die er eben nicht wahrhaben will oder mit denen er sich nur ungern auseinandersetzt. Das ist nun der einzelne sich selber schuldig, und erst wenn er diese Angst überwindet, kann er zu einer Intimität mit sich selbst und damit auch zu einer Intimität mit anderen gelangen.

Das nächste Thema lautet Generativität versus Stagnation, und es ist dies ein Urbedürfnis des Menschen, in seinen Produktionen weiterzuleben. Eine Institutionalisierung dieser Grundbedürfnisse ist in der Familienplanung zu sehen, im Generativ-werden in der Elternschaft. Aber es gibt auch eine geistige Elternschaft, und generativ sind letztlich alle Akte der Fürsorge und Selbstlosigkeit, alle Beiträge, die ein Mensch für die Aufrechterhaltung des Allgemeinwohls leistet, ob dies ein Engagement in Berufsgruppen und Verbänden ist oder das Eintreten für Überzeugung usw. Wo diese Generativität nicht erreicht wird, kommt es zu einer Selbstabsorption, der einzelne verarmt und befaßt sich immer ausschließlicher mit dem eigenen Selbst, zeigt einerseits eine **Pseudointimität** und andererseits eine **hypochondrische** Fürsorge um sich selbst, das Ganze gipfelt in einer **Bilanzkrise**, in dem Gefühl, depriviert, stagniert zu sein. Die Entwicklung ging hier nicht weiter, oder von einem selbst sind keine Entwicklungen ausgegangen. Angst und Schuld haben hier größere soziale Ausmaße angenommen. Ich habe dieser Phase der Entwicklung oder Stagnation zwei Bilder zugeordnet, zunächst die Sonne. In diesem Bild wird eine **wachstumsfreundliche generative** Atmosphäre gekennzeichnet, in der sich Leben weiterentwickeln kann. Dieses Bild ist zugleich ein Sinnbild der **positiven Utopie**, wir können darin auch das **Prinzip Hoffnung** sehen, wie dies einer der wichtigen existentialphilosophischen Schriftsteller, Ernst Bloch, gekennzeichnet hat. Und es darf in diesem Zusammenhang ausnahmsweise auf die Psychotherapie schon jetzt die Rede kommen, nämlich in dem Gedanken, daß wir ja nicht nur der **Regression**, der benignen Regression zu dienen haben, sondern eben auch der **Progression**, und daß somit der prospektive Gedanke in der Therapie ein ganz entscheidender Impuls ist.

Auch das nächst Tarotbild gehört zu dieser Thematik und zeigt es noch stärker auf, es ist das Thema Auferstehung, und es zeigt die tiefste Sehnsucht des Menschen, die Überwindung des Todes, und zwar eine echte Überwindung und nicht bloß eine Scheinlösung, wie wir sie zur Zeit auch wahrnehmen: es gibt hier meiner Meinung nach interessante Zusammenhänge mit der Musik, wo durch Iteration, also durch **Wiederholung** kleinerer musikalischer Passagen eine **Scheintranszendenz** erzeugt wird. Ich habe das vor allem wahrgenommen in der sogenannten Minimalmusik, die ein Schweben und ein Abheben bewirkt, weil hier kein neues Thema dazukommt, sondern das alte immer wieder variiert wird. Auch das Überborden der Reinkarnationsideologie oder anderer esoterischer Systeme ist hier zu erwähnen, die Auseinandersetzung mit der Überwindung des Todes bzw. Todesgedankens aufzeigt. Dennoch: Im psychischen Bereich ist die **Auferstehung jeden Tag** möglich, ist eben diese Hingabe an das Leben, hier ausgedrückt. Die letzte Phase hat Erikson betitelt mit Integrität versus Verzweiflung und Ekel, und es geht hier um die Integriertheit und um die Integrität. Der ganzheitliche Mensch konsolidiert sich zunehmends, er hat die Relativität verschiedenster Lebensformen erlebt und trotzdem einen Sinn für das Ganze bewahrt. Er hat Humor und Weisheit und ein ausgereiftes Urteil und ein distanziertes Befaßtsein mit dem Leben im Angesicht des Todes selbst erworben. Verzweiflung und Ekel sind der Kontrapunkt zur Integrität. Es ist interessant, daß Erikson den Ekel, der z.B. als **Initialerleben** bei den Existentialphilosophen eine große Rolle spielt, an den Schlußpunkt der Entwicklung stellt; Verzweiflung und Ekel gehören zu den Grenzerlebnissen, wie sie Camus beschrieben hat. In ihnen drückt sich das Empfinden aus, den Sinn des eigenen Daseins verloren und verfehlt zu haben. Ich habe dieser wichtigen Phase einer Lebensbilanz und Lebenssumme das letzte Tarotbild zugeordnet, die Welt. Es zeigt dies einen ganzheitlichen Menschen, der männlich und weiblich in sich vereinigt, und der sehr oft auch auf einer Weltkugel als Symbol der Ganzheit dargestellt wird. Umgeben ist dieser ganzheitliche kosmische Mensch von den vier Symbolen, wie wir sie auch aus den Evangelien kennen, dem Stier, dem Adler, dem Menschen und Engel. Hier am Ende der Entwicklungsreise begegnen wir diesen vier Ursymbolen, wie wir sie am Anfang beim Magier in Form der Münze, des Stabes, des Kelchs und des Schwertes gesehen haben. Nun sind sie integriert und zu einer Ganzheit verwoben. In diesem Abschnitt, ob er nun wirklich gegen Ende eines reifen Lebens ist oder auch immer wieder zwischendurch auftritt, ist der Mensch nicht angstfrei geworden, aber er hat gelernt, mit seiner Angst zu leben, er hat den Mut zur Angst, weil er in dieser Angst etwas **Aufgetragenes** und etwas **Mitzutragendes** erlebt.Und er hat den Umgang mit der eigenen Schuldhaftigkeit gelernt, die weder in einem Verdrängen noch in einem Arrangement der Selbstentschuldigung besteht. Ich habe versucht, einige existenzphilosophische Momente mit dem Stufenmodell von Erikson in seiner dialektischen Kraft zu verbinden und dies durch eine selbstgewählte Zuordnung zu den gewaltigen Bildsymbolen des Tarots zu leisten. Ich denke, daß es in diesen Ausführungen nicht unerwähnt bleiben sollte, daß die Therapie ihren Sinn nicht darin haben darf (wenn wir von diesem existentiellen Verständnis von Angst und Schuld ausgegangen sind), den Menschen generell zu **entängstigen und zu entschuldigen** (zu entmündigen), sondern ihn nur von den **pathologischen Überwucherungen** der Angst und des Schuldgefühls zu befreien, ihn aber dazu zu bringen, **mit Angst** und Schuld als wichtigen Kriterien der Person **umgehen zu können**. Ich möchte meine Ausführungen schließen mit einem Gedicht von Rilke. Ich bringe dieses Gedicht aus zwei Gründen, einerseits weil mir bewußt ist, daß jede Form von Einteilung, von Stufen, von Entwicklung eine Konstruktion darstellt und etliche von uns schon sehr müde solcher Schemata sind. Diese Schemata sind ja wie Gitterstäbe, die die Welt einfangen sollen. Andererseits enthält dieses Gedicht auch einen Gedanken, wie dieser innere Käfig, den wir uns selbst gebaut hatten (und wie auch der äußere Käfig, mit den uns die äußeren Umstände einfangen), überwindbar wird: In der visionären Befreiung zum eigentlichen Sinn.

Der Panther

Sein Blick ist vom Vorübergehn der Stäbe
so müd geworden, daß er nichts mehr hält.
Ihm ist, als ob es tausend Stäbe gäbe
und hinter tausend Stäben keine Welt.
Der weiche Gang geschmeidig starker Schritte,
der sich im allerkleinsten Kreise dreht,
ist wie ein Tanz von Kraft um eine Mitte,
in der betäubt ein großer Wille steht.

Nur manchmal schiebt der Vorhang der Pupille
sich lautlos auf -. Dann geht ein Bild hinein,
geht durch der Glieder angespannte Stille -
und hört im Herzen auf zu sein.

Abrundende Hinweise

Wer eine kurze, aber doch sehr intensive Einführung in die Existenzphilosophie sucht, ist gut beraten mit dem Werk von Franz Zimmermann: Einführung in die Existenzphilosophie. Wissenschaftliche Buchgesellschaft Darmstadt, 2. Auflage, 1988. Die Existenzphilosophie ist zwar eine geschichtlich schon überholte Position der Philosophie, in ihrem Anliegen ist sie aber zeitlos. Einer der Proponenten einer Überwindung der Existenzphilosophie auf der Suche nach einer neuen Geborgenheit in Zeit und Raum ist Otto Friedrich Bollnow (Neue Geborgenheit. Das Problem einer Überwindung der Existenzphilosophie, 4. Auflage, Kohlhammer, Stuttgart 1979). Durch die Brille beider Standpunkte lernen wir erfassen, daß Angst und Schuld unausweichliche Schicksale des in Entscheidungen stehenden Menschen sind, aber daß der Mensch sich auch auf den tragenden Untergrund des Seins verlassen, einlassen, von ihm sich getragen und geborgen wissen kann.

Eine ausführliche und eindrucksvolle Darstellung des klassischen psychoanalytischen Gedankenguts und des neuartigen dialektisch-ganzheitlichen Ansatzes Eriksons gibt Peter Conzen in seinem Buch: Erik H. Erikson und die Psychoanalyse. Systemische Gesamtdarstellung seiner theoretischen und klinischen Positionen. Roland Asanger Verlag Heidelberg 1990. Er zeigt aber auch die berechtigten Kritikpunkte an derartigen Stufenmodellen auf.

Eine fundierte Einführung in das Tarot mit Erläuterungen zur Befragungstechnik gibt Sallie Nichols in ihrem Buch: Die Psychologie des Tarot. Tarot als Weg der Selbsterkenntnis nach der Archetypenlehre C. Jungs. Ansata, Interlaken 1984.

Der Anonymus D-Outre-Tombe, ein ungenannt bleiben wollender Autor, verwendet das Tarot als Meditationshilfe für eine christliche Esoterik. (Die großen Arcana des Tarot. Meditationen. Herder Basel 1983, 4 Bände).

Beide erwähnten Publikationen setzen die Symbolkraft des Tarot zu stärkeren Verdeutlichungen ihrer Gedanken ein - ebenso der Autor des vorliegenden Artikels.

Literatur beim Verfasser

Autor

Mag. DDr. Franz Sedlak, Aspettenstraße 30/2/1, A-2380 Perchtoldsdorf